Gerda Mraz / Ulla Fischer-Westhauser

ELISABETH

Prinzessin in Bayern
Kaiserin von Österreich
Königin von Ungarn

Wunschbilder
oder
Die Kunst der Retouche

Mit 210 Abbildungen,
davon 29 in Farbe

Verlag Christian Brandstätter · Wien – München

„Du Rose hold, vom Garten Wittelsbach ...": Billet zur Vermählung von Franz Joseph und Elisabeth. 1854. Stahlstich von Josef Axmann nach einer Lithographie von Friedrich Hohe, München, außen Chromolithographie, gefaltet und gestanzt. Verlag von Joseph Bermann, Wien.

Seite 2: Photographie von Josef Albert, München. 1865.

INHALT

Gerda Mraz

DAS LEBEN DER KAISERIN

Die kaiserliche Privatsammlung, der das hier gezeigte Bildmaterial entstammt, ist in ihrer heutigen Form ein Torso. Die großen Bilder schmückten einst die privat und „dienstlich" genützten Schlösser und Villen und sind zum großen Teil auch heute dort zu finden. Schlimmer erging es den kleinen, oft sehr qualitätvollen Objekten. Sie wurden in den Jahren um 1920 nach sachlichen oder Qualitätskriterien, die uns heute nicht immer gerechtfertigt erscheinen, auf verschiedene Sammlungen aufgeteilt, wie zum Beispiel das Kunsthistorische und das Naturhistorische Museum (letzteres bekam beileibe nicht nur Präparate, sondern auch Aquarelle und Zeichnungen), oder die Albertina. In der Nationalbibliothek wurden die Musik-, die Karten- und die Handschriftensammlung mit den ihnen entsprechenden Materialien bedacht. Insgesamt ist das eine ahistorische Vorgangsweise, deren Barbarei heute nicht vorstellbar wäre und die uns für immer die Möglichkeit genommen hat, die Vielfalt und Qualität einer so universellen Sammlung zu bewundern. Ganz abgesehen von den – euphemistisch ausgedrückt – „Verlusten", die mit solchen Umschichtungen Hand in Hand zu gehen pflegen. Die heute im Verband der Österreichischen Nationalbibliothek stehende Porträtsammlung behielt – abgesehen von den Büchern, der Miniaturensammlung sowie Aquarellen und Zeichnungen – den immer noch großen „Rest" der Druckgraphik und der Photos. Sozusagen das „Gebrauchsmaterial", schon von seiner technischen Beschaffenheit her gesehen zur Vervielfältigung und Verbreitung bestimmt. Und dazu wird es auch verwendet. Unzählige Bücher, Reportagen, Filme etc. wurden und werden von dieser Sammlung ausgestattet.

Wir wollten das, was sonst in Publikationen da und dort zu finden ist, einmal als Ensemble (um nicht zu langweilen, freilich in Auswahl) präsentieren. Damit nicht genug – während der Arbeit

hat sich eine Pointe ergeben, die das Buch, so hoffen wir wenigstens, von den vielen anderen „Sisi"-Publikationen im Jahr des Gedenkens an ihren 100. Todestag unterscheidet: Wir zeigen die enge Allianz von Graphik und Photographie, wie sie im vorigen Jahrhundert üblich war, und vor allem zeigen wir die Manipulierbarkeit des Mediums Photographie, die KUNST DER RETOUCHE, wie sie seit den Anfängen geübt wurde, besonders, wenn sie ein so prominentes „Opfer" wie eben die Kaiserin Elisabeth im Visier hatte.

Elisabeth kam am Heiligen Abend, der zugleich ein Sonntag war, bereits mit zwei deutlich sichtbaren Zähnen zur Welt – lauter glückverheißende Zeichen! Vieles an ihr wird an den Vater erinnern. Er liebte die Natur, und zwar nicht nur als Ausfluß einer poetischen Attitüde, sondern bei Sonne, Regen und Schnee. Oft hat ihn Sisi beim Wandern und Bergsteigen begleitet. Herzog Maximilian in Bayern war ein passionierter Reiter, der sich sogar eine Zirkusarena im Ensemble seines Münchener Palais' einrichten ließ und der sich mit Dressur-Kunststücken produzierte. Er war geistig vielseitig interessiert, hatte eine bedeutende, umfangreiche Bibliothek und unterhielt eine regelmäßig zusammentreffende „Artusrunde", zu der er Wissenschaftler und Künstler aus Bayern und Österreich einlud und wo man sich nicht nur geistigen, sondern auch recht handfesten leiblichen Genüssen hingab. Dem romantischen Zeitgeschmack folgend, zeigte der Herzog Interesse an Folklore, und zwar an der Volksmusik, und gab 1846 eine „Sammlung oberbayerischer Volksweisen und Lieder" heraus. Diese spielte er selbst gerne und virtuos auf der Zither, die sein Lieblingsinstrument war und die durch ihn „gesellschaftsfähig" wurde. Auch Elisabeth spielte in ihrer Jugend Zither, später nur mehr Klavier. Aber die „in" beziehungsweise aus Bayern blieben im allgemeinen Bewußtsein der Leute so sehr mit der Zither verbunden, daß von den vielen Geschenken, die Elisabeth als Kaiserin aus allen Bevölkerungsschichten erhielt, die Kompositionen für Zither

Die knapp fünfzehnjährige Elisabeth, Prinzessin in Bayern. (Photographie von Alois Löcherer, 1852/53)

besonders stark vertreten waren. Die meisten wurden später zurückgewiesen, und schließlich vermerkt das Protokollbuch: „übrigens: die Kaiserin spielt nicht Zither".

Elisabeth dichtete schon als Kind – ebenso wie der Vater; dieser schrieb aber auch Erzählungen und Novellen unter einem Pseudonym, und er war, nicht in dem Ausmaß wie die Tochter, aber doch, ein unsteter Mensch, der viel reiste. Das Buch „Wanderung nach dem Orient im Jahr 1838" ist das Ergebnis eines solchen Abenteuers. Wer denkt da nicht an seinen Enkel, den Kronprinzen Rudolf, der ebenfalls literarisch tätig war und 1881 seine „Orientreise" publizierte. Herzog Max machte sich ein ziemlich realistisches Bild von den politischen Verhältnissen, die er da kennenlernte, so daß er es später, 1851, rundweg ablehnte, seinen Sohn Carl Theodor als griechischen Thronfolger zu „opfern".

Die herzogliche Familie bewohnte ein modernes Palais in München, viel lieber aber das Schloß Possenhofen am Starnberger See. Dort vor allem war das Leben frei und sehr naturverbunden. Die Kinder durften eigene Tiere, Hunde und Hasen, haben. Der Vater legte großen Wert darauf, daß sie viel im Freien spielten und Sport betrieben. Wenn er in Possenhofen war, wurden Pläne geschmiedet und Abenteuer bestanden, und dann konnte es schon vorkommen, daß die Lehrer, von denen „wöchentlich ein Wagenvoll" aufs Land gekarrt wurde, Mühe hatten, ihr Pensum duchzubringen.

Die Ehe mit Ludovica aus der königlich-bayerischen Linie der Wittelsbacher war nicht glücklich, aber kinderreich. Vor Elisabeth kamen 1831 Ludwig und 1834 Helene zur Welt, die jüngeren Geschwister waren Carl Theodor (geb. 1859), Marie (1841), Mathilde (1843), Sophie (1847) und Max Emanuel (1849). Carl Theodor, von der Familie zeitlebens „Gackel" genannt, war der Liebling der Mutter und auch Sisis Lieblingsbruder. So wild er sein konnte, war er doch auch ein merkwürdig introvertiertes Kind, konnte stundenlang Pflanzen und Tiere beobachten, Geige und später Klavier üben, und mit zwölf Jahren war er ein aufmerksamer Zuhörer der 14jährigen Elisabeth, die ihm ihre Gedichte vortrug. Beide interessierten sich für zeitgenössische Literatur und besuchten Theater- und Opernaufführungen; Sisi schenkte dem 13jährigen Bruder Geibels Werke zu Weihnachten.

Gegenüber:
Elisabeth als Braut mit der Portraitminiatur
Franz Josephs. Undeutlich signiertes Gemälde

Elisabeths Mutter wird als in der Jugend außergewöhnlich schön, wenig geistreich, dafür realistisch-lebensnah und als liebevolle Mutter beschrieben. Da ihr Mann ihr lange Jahre wenig Beachtung widmete, schenkte sie all ihre Liebe und viel Zeit den Kindern. Wenn es ums Heiraten ging, folgte sie freilich – obwohl selbst unglücklich in eine Ehe gezwungen – der Tradition, die politisches Kalkül über menschliche Gefühle stellte. Als sie für ihre älteste, Helene (Nené), auf der Suche nach einem passenden Bräutigam war und sich schon über die vier Jahre jüngere Sisi Gedanken machte, die gerade an ihrer ersten unglücklichen Liebe zu einem „unpassenden" Mann litt, da war gerade ein Heiratsplan der Erzherzogin Sophie, der ihren Sohn Franz Joseph betraf, mißglückt, und so kamen die Schwestern auf den naheliegenden Gedanken, die altersmäßig zueinander passenden Kinder zusammenzubringen – den 23jährigen Franz Joseph und die 19jährige Helene, und nebenbei konnte man Franz Josephs jüngeren Bruder, den 20jährigen Carl Ludwig, und Elisabeth als Paar ins Auge fassen.

An diesem 16. August 1853 kam bekanntlich alles anders. Franz Joseph verliebte sich Hals über Kopf in Sisi, die davon nichts merkte, gar nicht herausgeputzt worden war, sondern sich fürs Zusammentreffen mit der Familie der Tante aus Wien einfach selbst die Zöpfe flocht; Sisi, die nach Aussage ihrer Mutter zwar durch ihre jugendliche Frische anziehend wirkte, aber „keinen einzigen hübschen Zug" hatte. Der junge Kaiser sah das anders. „Nein, wie süß Sisi ist, sie ist frisch wie eine aufspringende Mandel und welch herrliche Haarkrone umrahmt ihr Gesicht! Was hat sie für liebe, sanfte Augen und Lippen wie Erdbeeren," bestürmte er am nächsten Morgen seine Mutter. Diese wollte ihn beschwichtigen, bat, nichts zu überstürzen, versuchte, Helenes Vorzüge zur Sprache zu bringen. Vergeblich, dafür hatte er kein Ohr mehr. Franz Joseph war wie ausgewechselt: Er ging nicht auf die Jagd, beim vorabendlichen Ball (zu Ehren seines Geburtstages am 18. August) ließ er – der leidenschaftliche Tänzer – die ersten beiden Tänze aus, und dann tanzte er nur mehr mit Sisi. An seinem 23. Geburtstag fiel die Entscheidung. Franz Joseph bat die Mutter, für ihn bei Herzogin Ludovica um die Hand Elisabeths anzuhalten. Zweifel plagten ihn, wenn er an seine Pflichten dachte und an die schwierige politische Situation, die – das war ihm klar – wenig Zeit fürs Privatleben lassen würde. Er fragte sich, ob dies einer Frau, diesem angebeteten Mädchen, zumutbar sei, und er bat die Mutter, sie und die Tante sollten ja keinen Druck auf Sisi ausüben.

Drei Gruppen des Kaiserpaares aus Wiener Biskuit-porzellan: Franz Joseph I. als Jäger, die Kaiserin in Ischler Tracht 1854; im Hochzeitsjahr 1854 promenie-rend; 1855 mit der neugeborenen Erzherzogin Sophie

Als Sisi gefragt wurde, brach sie in Tränen aus: „Wie kann er nur an mich denken? Ich bin ja so unbedeutend!", und später: „Ich habe den Kaiser so lieb! Wenn er nur kein Kaiser wäre!" In diesen (von Erzherzogin Sophie) knapp geschilderten Äußerungen, ja Ängsten der beiden jungen Menschen ist die Tragödie dieser Ehe vorausgeahnt. Die Mütter wollten dies nicht wahrhaben, und Franz Joseph ließ sich nur zu gerne beschwichtigen. Hören wir die Reaktionen der Mütter – Sophie sagte zu ihrem Sohn: „Aber, liebes Kind, wie kannst Du glauben, daß eine Frau nicht glücklich ist, durch Anmut und Heiterkeit Dir Deine Lage zu erleichtern?" Franz Joseph war, so schreibt sie, von Elisabeths Reaktion entzückt, „als ich ihm diesen rührenden Ausspruch von seiner Braut erzählte, da er so viel tiefes und anspruchs-loses Verständnis für ihn enthält". Und Herzogin Ludovica formulierte, später befragt, die Quintessenz der Konvention ganz einfach: „Dem Kaiser von Österreich gibt man keinen Korb."

Franz Joseph war überglücklich. Nach dem Gottesdienst aus Anlaß seines Geburtstages führte er Elisabeth stolz zum Altar: „Ich bitte, Hoch-würden, segnen Sie uns, das ist meine Braut." Vierzehn gemeinsame Tage, bis Ende August, waren vielleicht die schönste Zeit für beide, wenn auch der Trubel rund um Elisabeth schon einsetz-te: Es gab drei Bälle, sie wurde gemalt und mit Geschenken, darunter kostbare Geschmeide, überhäuft. Uneitel, wie sie war, verschreckte sie das eher. Franz Joseph verstand seine Braut bes-ser und ließ ihr im Garten der später so genann-ten „Kaiservilla" eine Schaukel anbringen. Darüber freute sich Elisabeth wirklich, ebenso wie über die Spaziergänge und die Fahrten im offenen Wagen und auf dem Hallstätter See. Königin Elise von Preußen, auch sie eine Schwe-ster von Sophie und Ludovica, formulierte dies ein wenig naiv, aber treffend: „Es ist so schön, ein so junges Glück in einer so wunderbaren Landschaft."

Für Franz Joseph ging der Ernst des Lebens in gewohnter Weise weiter, aber sogar ihm, dem personifizierten Pflichtbewußtsein von Jugend an, fiel die Rückkehr nach Wien schwer. „Es war ein harter und schwerer Sprung", schrieb er seiner Mutter, „aus dem irdischen Himmel in Ischl in die hiesige papierene Schreibtischexistenz mit ihren Sorgen und Mühen." Für Elisabeth begann dieser Ernst des Lebens erst jetzt: Maler und der Hof-photograph bedrängten sie, eine unabsehbare Fülle von Kleidern wollte probiert sein, groß-zügige Geschenke der künftigen Schwiegermutter

Gegenüber: Elisabeth als Verlobte mit sechzehn Jahren. Anonymes Gemälde, 1853/54

Die junge Kaiserin hat erstaunlich viele Gesichter. Es war nicht einfach, ihren Liebreiz einzufangen, sehr zum Ärger des verliebten Franz Joseph über die „miserablen" Produkte. (Oben: Farbdruck, erschienen in Wien. Unten: Kolorierte Lithographie von Rudolf Hoffmann, 1854)

Gegenüber: Lithographie von Eduard Kaiser, 1856. Vorbild war ein Gemälde von Franz Schrotzberg, der in den fünfziger Jahren in Wien sehr beliebt war und mehrere Portraits von Elisabeth malte.

trafen ein, deren Wert Sisi nicht recht zu schätzen wußte. Sie freute sich über einen Papagei, den ihr Franz Joseph mitbrachte. Er besuchte sie im Oktober, zu Weihnachten und im März des folgenden Jahres in München und Possenhofen und schrieb seiner Mutter: „Alle Tage lieb ich Sisi mehr ..."

Die Hochzeit wurde für den 24. April 1854 festgelegt. Die Spannung stieg, je näher der Tag heranrückte; nicht nur in München, wo man die Braut halbwegs standesgemäß ausstatten mußte. Die Wiener Hofgesellschaft sah der Feuertaufe des Mädchens vom Lande genüßlich entgegen, das Volk freute sich auf das zweifellos prächtige Schauspiel. Diejenigen, die wegen ihrer Haltung während der Revolution von 1848 in Ungnade gefallen waren oder denen die Geisteshaltung und die politischen Konsequenzen des Neoabsolutismus schwer erträglich erschienen – sie hofften, daß der Kaiser durch eine sanfte, liebevolle Frau an seiner Seite zu größerer Milde gestimmt würde.

Wer hätte gedacht, daß Elisabeth schwer abzubilden war? Franz Joseph war unzufrieden mit den Bildern, die aus München kamen und die zur Vervielfältigung bestimmt waren, um den Menschen eine rechte Vorstellung von seiner schönen Braut zu vermitteln. Der Wiener Miniaturenmaler und Lithograph Eduard Kaiser hatte in Possenhofen eine Vorlagenzeichnung angefertigt, die Franz Joseph mißfiel. Empört schrieb er seiner Mutter nach Ischl: „Da das Kunstwerk aber, wie wohl zu erwarten war, so miserabel als möglich ausgefallen ist, so habe ich es konfiszieren lassen und verboten, daß es lithographiert werde." Der gekränkte (oder geschäftstüchtige?) Künstler hat das Blatt dann in München erscheinen lassen, wo man offenbar weniger empfindlich war. Eine zweite Lithographie nach einem Photo (mit ziemlicher Sicherheit von Löcherer) fand Franz Joseph noch schlimmer – Elisabeth hatte darauf seiner Meinung nach „ein wahres Mohrengesicht".

Unter vielen Tränen verließ Elisabeth am 20. April München, fuhr, begleitet von ihrer Mutter und den Schwestern, mit dem Wagen nach Straubing und von dort mit dem Schiff donauabwärts. In Linz, wo sie übernachtete, überraschte Franz Joseph die Braut mit seiner Anwesenheit; vor dem Morgengrauen war er schon wieder unterwegs nach Wien, und als das Schiff endlich am 22. gegen Abend in Nußdorf ankam, da konnte er das Anlegen nicht erwarten, sprang an Bord und umarmte und küßte Elisabeth in aller Öffentlichkeit. Im November wird der jungen Kaiserin ein

Bild übersandt werden, auf dem das Zimmer, in dem sie in Linz übernachtete, abgebildet ist. Der Maler, Josef Maria Kaiser, interessiert wenig, mehr schon die Tatsache, daß zuvor die Expertise des „als Kunstkenner, Künstler und Dichter bekannten Schulrathes Adalbert Stifter" eingeholt wurde, und seine Beurteilungskriterien: „Stifter erklärte das Bild in den Linear-Perspektiven für vollkommen richtig, und von einer seltenen Wahrheit, Treue und Frische, welche der Begabung und dem hingebenden Fleisse des Malers Kaiser zur Ehre gereichen dürften."

Die „Rose von Baierland, just im Erblüh'n" sollte nun, nach den Vorstellungen des österreichischen Dichters Johann Nepomuk Vogel, „am Donaustrand duften und glüh'n". Eine unübersehbare Menschenmenge war zur Begrüßung erschienen. Wie ein Triumph gestaltete sich die Fahrt von Nußdorf nach Schönbrunn, wo Elisabeth übernachtete. Trotz der langen Reise gab es an diesem Abend noch ein großes Galadiner. Am nächsten Tag fand der traditionelle öffentliche Einzug in Wien statt. Er führte in der barocken Prunkkarosse, gezogen von acht Lipizzanern, vom Theresianum stadteinwärts auf der „Elisabethbrücke", die damit zum ersten Mal befahren wurde, über den Wienfluß, weiter durch die Kärntnerstraße, den Graben und Kohlmarkt, über den Michaelerplatz bis zur Hofburg. Überall Spalier und Deputationen huldigender Honoratioren, Fahnen, Draperien aus prächtigen Stoffen, Transparente, allegorische Figuren und sinnreiche Sprüche, gemalt oder aus Blumen gebildet. In der Burg machten die Generalität, das Offizierscorps und der Hofstaat ihre Aufwartung.

Am nächsten Abend schließlich begann um sieben Uhr die Trauungszeremonie in der Augustiner Hofkirche. Einundeinhalb Stunden vorher schon mußten sich jene Auserwählten, die der Feier beiwohnen durften, in der Kirche einfinden. Die Wände waren mit kostbaren Gobelins behängt, 15.000 Kerzen brannten. Ihr Licht brach sich in einer wahrscheinlich ähnlich hohen Zahl von Diamanten. Der Eindruck war so märchenhaft, daß er in der gedruckten Chronik des Geschehens ausdrücklich hervorgehoben wurde. Elisabeth trug „ein Schleppkleid und einen Mantel von Moiré antique, prachtvoll mit Gold und Silber gestickt und reich mit Myrthen verziert. Auf ihrem Haupt glänzte das nämliche Diadem, welches … die Erzherzogin Sophie an ihrem Vermählungstag getragen hatte. Über die Schultern der kaiserlichen Braut wallte ein Spitzenschleier herab und die Brust schmückte ein frischer Rosenstrauß."

Erzherzogin Sophie hatte ihren überaus wertvollen Hochzeitsschmuck aus Opalen und Diamanten Elisabeth geschenkt. Vom Hochzeitskleid ist nur die 3,80 m lange Schleppe (heute im Kunsthistorischen Museum in Wien) erhalten geblieben.

Als das Ja der Braut geflüstert und das des Bräutigams vernehmlich durch die Kirche gehallt war, und als die beiden einander die Ringe ansteckten, da schoß das Grenadierbataillon auf der Augustinerbastei eine Salve ab, und die Wiener konnten aufatmen: Jetzt sind sie verheiratet. „Te Deum laudamus" sang und spielte die Hofmusikkapelle dazu. Die Gottesdienste in ungezählten Kirchen der Monarchie vereinte die Menschen verschiedener Konfessionen in dieser Stunde.

Nach der langen Zeremonie mußte Elisabeth in ihrer Funktion als Kaiserin die ersten Audienzen erteilen. Zuerst empfing sie die am Kaiserhof akkreditierten Botschafter und Gesandten im Audienzzimmer, dann deren Gemahlinnen im Spiegelzimmer, dann die Palast- und die „appartementfähigen" Damen, die Obersthofmeister und die „Kavaliere des Hofstaates" im Zeremoniensaal. Danach wurden die Damen zum Handkuß zugelassen. Dabei passierte Elisabeth ein Fauxpas: Spontan umarmte sie ihre Cousinen, anstatt sich die Hand küssen zu lassen, und mußte sich der Zurechtweisung durch ihre Schwiegermutter beugen. War es ein Wunder, daß sie mitten in dieser Zeremonie vor Erschöpfung in Tränen ausbrach und davonlief? Aber der Tag war noch nicht zu Ende: Um 22 Uhr begann das festliche Diner.

Dagegen nehmen sich die Programmpunkte der nächsten Tage nahezu erholsam aus. Am Abend des 25. besichtigte das Kaiserpaar die prachtvollen Illuminationen in der Stadt – schließlich zeigte die Technik, was sie alles mit der neuen Errungenschaft Elektrizität, aber auch mit dem Gaslicht vollbrachte, und die Lampenerzeuger verdienten sich goldene Nasen. Am 26. empfing das Kaiserpaar die gratulierenden Abordnungen der Kronländer; es fällt auf, daß Elisabeth für die ungarischen Herren das traditionelle weibliche Magnatenkleid trug. Am 27. war großer Hofball mit Johann Strauß als Dirigenten, zu dem Elisabeth in einem weißen Kleid mit einem Diamantgürtel und mit weißen Rosen im Haar erschien. Am 29. gab es ein Volksfest im Prater. Dort fühlte sich Elisabeth wohl; besonders begeistert war sie von den Pferden des Zirkus Renz und ihren Dressurakten sowie von dem abendlichen Feuerwerk. Die größte Freude aber bereitete ihr Franz Joseph, als er nachmittags überraschend alle Verpflichtungen absagte und seine Frau in den Prater kutschierte. Zum Abschluß der Hochzeitsfeierlichkeiten gab die Stadt Wien einen Ball in den Redoutensälen und der angrenzenden Winterreitschule, an dem angeblich über 10.000 Menschen teilnahmen. Die Winterreitschule war aus diesem Anlaß zum ersten Mal mit Gaslicht taghell erleuchtet. Ob die guten alten Kerzen nicht stimmungsvoller gewesen wären?

Dann begannen die Flitterwochen, auf die Franz Joseph seine Frau immer dann vertröstet hatte, wenn sie meinte, all das Getriebe nicht mehr aushalten zu können. Diese verbrachte das junge Paar – in Laxenburg. Der Kaiser fuhr täglich nach Wien „zur Arbeit", und die Schwiegermutter fuhr täglich nach Laxenburg zu Elisabeth. Wenn Sisi allein war, schrieb sie sich ihr Heimweh, ihre Verlassenheit und ihren Kummer von der Seele.

Als Beispiel ein Gedicht, das mit 8. Mai 1854 datiert ist:

Oh, daß ich nie den Pfad verlassen,
Der mich zur Freiheit hätt' geführt.
Oh, daß ich auf der breiten Straßen
Der Eitelkeit mich nie verirrt!

Ich bin erwacht in einem Kerker,
Und Fesseln sind an meiner Hand.
Und meine Sehnsucht immer stärker –
Und Freiheit! Du, mir abgewandt!

Ich bin erwacht aus einem Rausche,
Der meinen Geist gefangenhielt,
Und fluche fruchtlos diesem Tausche,
Bei dem ich Freiheit! Dich – verspielt.

Verzweiflung? Poetische Übertreibung einer Augenblickssituation, wie sie wohl jeder kennt, der in der Jugend Gedichte geschrieben hat? Hatte der glücklich-verliebte Ehemann keinen Sensus für die Nöte seiner Frau, oder konnte sie derart starke Gefühle vor Franz Joseph verbergen, der am 14. Mai seiner Mutter aus Laxenburg schrieb: „Hier ist es himmlisch, und Sisi gefällt es gottlob recht gut ..." Allerdings klingt die Formulierung „recht gut", seinem „himmlisch" gegenübergestellt, schon verdächtig. Außerdem war gerade der liebe „Gackel" zu Besuch, und die drei brachen zu einem Ausflug in die Brühl auf. Die erste gemeinsame Reise des Kaiserpaares im Juni nach Mähren und Böhmen war eine willkommene Abwechslung, Elisabeth machte ihre Sache als Landesmutter gut und entzückte die einfachen

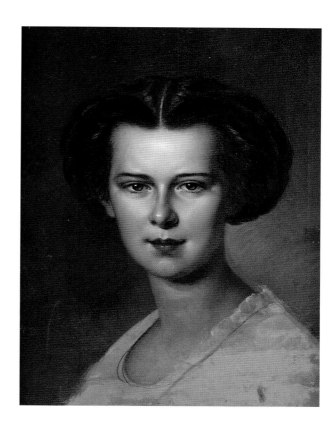

Zu diesem Gemälde von Anton Einsle saß Elisabeth dem Künstler im Jahr 1854 Modell.
(Krems, WeinStadtMuseum)

Menschen durch ihre echte Anteilnahme.
Ende Juni wußte sie, daß sie schwanger war. Die
Beschwerden, vor allem das Erbrechen, zogen sich
bis in den Oktober. Die Schwiegermutter übernahm nun vollends das Regiment. Sie wußte
selbstredend, was für ein so unerfahrenes Ge-
schöpf gesund oder schädlich war, was Elisabeth
zu tun oder zu lassen hatte. Sie meinte es gewiß
gut – zum Glück war sie zeitweise in Ischl. Am 5.
März kam die Tochter Sophie zur Welt. Die Großmutter Sophie schrieb über diese Geburt in ihr
Tagebuch: „Sisi hielt die Hand meines Sohnes zwischen den ihren und küßte sie einmal mit einer
lebhaften und respektvollen Zärtlichkeit; das war
so rührend und machte ihn weinen; er küßte sie
ohne Unterlaß, tröstete sie und klagte mit ihr und
schaute mich bei jeder Wehe an, um zu sehen, ob
ich damit zufrieden war. Als sie jedesmal stärker
wurden und die Entbindung begann, sagte ich es
ihm, um Sisi und meinem Sohn neuen Mut zu ge-
ben. Ich hielt den Kopf des guten Kindes, die Kam-
merfrau Pilat die Knie und die Hebamme hielt sie
von hinten. Endlich nach einigen guten und langen Wehen kam der Kopf und gleich danach war
das Kind geboren … und schrie wie ein Kind von
sechs Wochen. Die junge Mutter sagte mit einem
Ausdruck von so rührender Seligkeit: ‚o, jetzt ist
alles gut …!' Der Kaiser brach in Tränen aus, er
und Sisi hörten nicht auf, sich zu küssen …"

Viele Jahre später erzählte Elisabeth ihrer ver-
trauten Hofdame Marie Festetics und auch ihrer
Tochter Marie Valerie, wie unglücklich sie in den
ersten Ehejahren gewesen war. Aber um dieselbe
Zeit dachte sie auch wehmütig daran, wie sehr sie
und Franz Joseph einander geliebt hatten:

O sprich mir nicht von jenen Stunden,
Wo wir einander angehört;
Mit ihrem Glück sind sie entschwunden,
Und unser Eden ist zerstört.
Doch wird ihr Angedenken leben,
Bis Ruhe uns der Tod gegeben.

Vermöchten wir je zu vergessen,
Dass ich dir meine Seele gab,
Dass du mein Alles mir gewesen,
Und ich dir Treue schwur zum Grab?
Ich sah im Aug' dir Liebe glühen,
Ein Lächeln deinen Mund umzieh'n.

Wenn ich an deine Brust mich lehnte
Wie tief und innig war der Blick,
In dem mein Paradies ich wähnte,
Wie warm schlug dir mein Herz zurück –
Wie weltvergessend wir uns küssten,

*Eines der seltenen „imperialen" Bilder Elisabeths aus den
sechziger Jahren, eine Lithographie von Eduard Kaiser.*

Gegenüber:
*Lithographie von William Unger nach einem Gemälde
von Franz Schrotzberg, 1862*

Als ob wir Seelen tauschen müssten!
Ich sah die schwarzen Wimpern senken
Sich über deines Auges Glanz,
Als wolltest unbelauscht versenken
In deinem Glück du ganz.
Es war mein Trachten nur, mein Streben,
Dich immer süsser zu umweben ...

Ich brauch die Zeit dir nicht nennen,
Die uns so innig einst vereint,
Und die wir nie vergessen können,
So endlos fern sie jetzt auch scheint ...

Über ein gutes Jahr nach Sophie kam am 15. Juli 1856 die zweite Tochter, Gisela, zur Welt. Im September besuchte das Kaiserpaar die Steiermark und Kärnten, im November Oberitalien. Gegen den Willen der Schwiegermutter nahm Elisabeth die kleine Sophie auf die Reise mit.

Oberitalien war ein politisch brisantes Pflaster. Radetzky hatte 1849 die revolutionäre, von den Franzosen geförderte Bewegung niedergeworfen. Damals hatte es sich der 18jährige Franz Joseph – trotz der Ängste seiner Mutter – nicht nehmen lassen, an die Front zu gehen, und hatte sich unerschrocken im Kampfgeschehen bewährt. Elisabeth wußte, wie wichtig ihm diese Erlebnisse waren: Schon 1855 hatte sie bei dem Münchener Maler Franz Adam das Gemälde „Feldzeugmeister Haynau mit seinem Stab auf dem Glockenturm von Mestre" als Geburtstagsgeschenk für Franz Joseph bestellt, dem weitere Darstellungen der Ereignisse auf dem italienischen Kriegsschauplatz von 1848/49 für das Appartement des Kaisers folgen sollten.

Seit der Niederschlagung der Revolution verwaltete der siegreiche Feldmarschall Radetzky das Lombardo-Venetianische Königreich als Zivil- und Militärgouverneur in einer Person. Entsprechend frostig war der Empfang – in Triest und Venedig ebenso wie in Vicenza, Brescia und Mailand. Erst im März kamen Franz Joseph und Elisabeth wieder nach Wien zurück, nur für kurze Zeit, denn am 3. Mai brachen sie bereits nach Ungarn auf, diesmal – wieder trotz heftiger Einwände der Schwiegermutter – mit beiden Töchtern.

Diese schöne gemeinsame Zeit fand ein jähes tragisches Ende. In Budapest erkrankten beide Kinder an heftigem Durchfall, von dem sich die Jüngere, Gisela, aber schnell erholte, so daß der Arzt es für eine harmlose Infektion hielt. Das Kaiserpaar reiste weiter, die kleine Sophie blieb unter ärztlicher Aufsicht in Budapest zurück. In

Debreczin traf am 28. Mai ein Telegramm ein, daß sich der Zustand der Tochter besorgniserregend verschlechtert habe. Sofort fuhren Elisabeth und Franz Joseph zurück nach Budapest. Ein paar Stunden später war Sophie tot.

Die jungen Eltern waren verzweifelt. Sie fuhren sofort heim. Niemand machte Elisabeth Vorwürfe, aber sie fühlte sich schuldig. Erzherzogin Sophie sagte zu einer ehemaligen Hofdame: „Kaiser und Kaiserin weinen, wie man nur in der Jugend zu weinen vermag. Ihre Tränen fließen unaufhaltsam ..." Im Juni kamen Elisabeths Mutter und die drei jüngeren Schwestern nach Laxenburg, um ihr beizustehen. Anfang November schrieb der Kaiser seiner Mutter, nachdem er mit Elisabeth aus Ischl nach Wien zurückgekehrt und die Familie seiner Frau nach München abgereist war: „Die arme Sisi ist recht ergriffen von allen Erinnerungen, die ihr hier überall begegnen und weint viel. Gestern ist Gisela bei Sisi in dem kleinen roten Fauteuil unserer armen Kleinen, der in dem Schreibzimmer steht, gesessen und da haben wir beide zusammen geweint." Zehn Tage später beschlossen die beiden, innerhalb der Hofburg „in eine neue Wohnung zu ziehen, da unsere bisherige in Sisi immer traurige Erinnerungen erweckte".

Bald darauf wurde Elisabeth wieder schwanger und brachte am 21. August 1858 den heißersehnten Thronfolger zur Welt. Der überglückliche Franz Joseph („der Himmel hat mir ein Kind gegeben") schenkte seiner Frau die berühmte dreireihige Perlenkette, die auf vielen Bildern zu sehen ist. Widmen konnte er sich ihr, die nach der schweren Geburt lange Zeit fieberte, sehr schwach war und sich nach Zuwendung sehnte, allerdings bald weniger denn je.

Die schwersten politischen Gefahren seit der Revolution von 1848 zeichneten sich mit Beginn des Jahres 1859 ab. Napoleon III. war entschlossen, Österreich aus Italien zu verdrängen und die Apenninenhalbinsel zum französischen Einflußbereich zu machen. Schon 1858 hatte er Viktor Emanuel II. von Sardinien-Piemont, dessen Traum es war, König des geeinten Italien zu werden, seine Hilfe angeboten. Dafür sollten Savoyen und Nizza an Frankreich fallen; ausgerechnet Nizza, die Geburtsstadt des populärsten politischen Kopfes der Revolution von 1848, des Grafen Cavour, nunmehr sardischen Ministers und Mittlers zwischen seinem König und Frankreich. Cavour hatte die Aufgabe übernommen, Österreich zur Kriegserklärung an Sardinien zu provozieren. Der Plan ging auf: Franz Joseph stellte

Sardinien ein Abrüstungsultimatum und rechnete mit dem Erfolg eines eventuellen Präventivkrieges. Zu spät hatte der Kaiser den großen alten Mann der österreichischen Außenpolitik, den Fürsten Clemens Metternich, um Rat gefragt. Fehleinschätzungen und Unterlassungssünden, der berühmte kleine Fehltritt – und die Lawine ging mit der ihr eigenen Dynamik ab. Cavour wies das Ultimatum zurück – „mit der Entrüstung eines Ehrenmannes, der den Gegner in der Falle hatte" (so der deutsche Historiker Franz Herre). Österreichische Truppen marschierten in Piemont ein, am 26. April erklärte Napoleon III. („der Erzschuft in Paris" hieß er bei Franz Joseph) Österreich den Krieg, der Zar hatte längst sein Geheimabkommen mit Frankreich geschlossen, Bismarck (damals Botschafter in Rußland) riet Preußen vom Eingreifen zugunsten Österreichs ab, die süddeutschen Staaten zögerten, England, dessen Interessen zwar gegen Frankreich gerichtet waren, lehnte Österreichs absolutistische Staatsform ab. Der Oberbefehlshaber in Italien, Franz Gyulay, war kein Radetzky und von Anfang an glücklos.

Ende Mai beschloß Franz Joseph, selbst an die Front zu gehen. Elisabeth versuchte verzweifelt, ihn davon abzuhalten, und als das nichts half, wollte sie mit ihm gehen. Aus späterer Sicht ist ihr ein so unkonventioneller Schritt durchaus zuzutrauen. Aber 1859 mußten dies doch alle für einen rührenden, aber nicht ernst zu nehmenden Liebesbeweis halten. Bereits einmal, im ersten Ehejahr, als sie dem langweiligen Laxenburg entrinnen wollte und Franz Joseph nur nach Wien begleitete, war sie von der Schwiegermutter schroff zurechtgewiesen worden, „weil es für eine Kaiserin unschicklich ist, ihrem Mann nachzulaufen und hin und her zu kutschieren wie ein Fähnrich". Aus den Briefen, die Franz Joseph aus Italien nach Hause schrieb, spricht seine Sorge um Elisabeth; ihre Nahrungsverweigerung, ihr vieles Weinen, die Schlaflosigkeit, ihre innere Unruhe und die halsbrecherischen Ausritte, mit denen sie dagegen ankämpfte, ängstigten ihn („... ich beschwöre Dich, schone Dich doch auch, reite nicht gar so lang, wie z. B. von Laxenburg nach Vöslau, was ein reiner Unsinn ist. Versprech mir das. Du ermüdest Dich sonst gar zu sehr und wirst mir zu mager"). Er wußte sich keinen anderen Rat mehr, als Elisabeths Mutter beziehungsweise ihre Schwester Mathilde zu bitten, nach Wien zu kommen. Von seiner eigenen Mutter war Hilfe nicht zu erwarten; die Spannungen zwischen ihr und der Kaiserin waren schlimmer denn je. Der Bitte ihres Mannes, sich um die Verwundeten zu kümmern, kam Elisabeth nach.

Er war ihr dankbar, daß sie versuchte, ihnen durch ihre Besuche Anerkennung und Trost zu spenden, und daß sie in Laxenburg ein Lazarett einrichten ließ.

Im Juli kehrte Franz Joseph nach Wien zurück. Er hatte die unerhört blutige Schlacht von Solferino und damit die Lombardei verloren. Mit Elisabeth war eine Verwandlung vor sich gegangen. Sie, die vorerst so Scheue, besuchte Bälle ohne Franz Joseph, veranstaltete sogar welche in ihren Appartements, verbat sich die Anwesenheit der Eltern ihrer jungen hocharistokratischen Gäste, und sie erwies sich als leidenschaftliche Tänzerin. Aus der anmutigen, schüchternen Sisi war eine angebetete Schönheit geworden, die sich dieser Schönheit und ihrer Wirkung immer mehr bewußt wurde. Es ist kein Zufall, daß sie sich damals zum ersten Mal in Wien zu Portraitaufnahmen in ein Photoatelier begab. Eines dieser Bilder von Ludwig Angerer, der sein Atelier auf der Wieden hatte, zeigt sie in stolzer Haltung mit ernstem Gesicht, statt dem Lächeln der frühen Portraits einen fast bitteren Zug um die Lippen, der sie älter erscheinen läßt.

Kurz darauf verließ sie Wien für fast zwei Jahre und änderte damit ihr Leben grundlegend und unwiderruflich.

In Wien brach im November 1860 ein früher Winter herein, die düstere lichtarme Jahreszeit, die Franz Joseph mit den Jahren zunehmend bedrückte und Elisabeths Anfälligkeit für fiebrigen Husten verstärkte. Die Gefahr einer Lungenkrankheit sollte im südlichen Klima gebannt werden. Die berühmte „Flucht nach Madeira" hat Anlaß zu vielen Tratschereien und Mutmaßungen gegeben. Tatsache ist, daß Elisabeth sich dieser Reise mit viel Elan widmete. Sie wählte den Hofstaat aus, der sie begleiten sollte, fast lauter junge Leute. Von der ungeliebten alten Obersthofmeisterin, Gräfin Sophie Esterházy, trennte sie sich. Einer der Ehrenkavaliere war Graf Imre Hunyady, der die Kaiserin anbetete, seine Schwester Lily war Hofdame. Die Hunyadys waren glühende Patrioten. An den langen und – wie diverse Kuriere einhellig berichteten – überaus langweiligen Tagen und Abenden in Funchal fand sich ausreichend Gelegenheit, Elisabeths Interesse an der ungarischen Geschichte und dem Freiheitsstreben dieser Nation zu wecken. Elisabeth, die damals noch alles andere als politisch desinteressiert war, begann Ungarisch zu lernen und sich immer mehr für die Idee zu begeistern, die Ungarn vom Joch des österreichischen Absolutismus zu befrei-

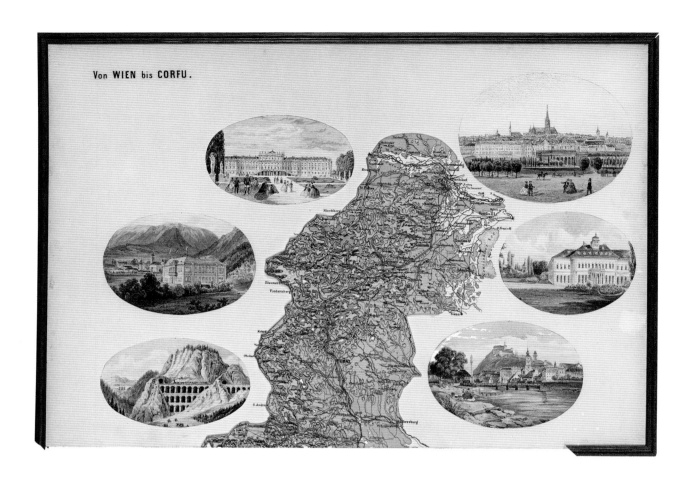

Von WIEN bis CORFU.

Elisabeths Reiseroute „Von Wien bis Corfu" mit der Eisenbahn und zu Schiff. Die Kassette enthält vier Tafeln, die – zusammengesetzt – eine Reliefkarte der gesamten Strecke ergeben. Das Relief besteht aus dünnen Holzplättchen, die gesägt, bemalt und den Höhenlinien entsprechend übereinander geschichtet wurden. Stimmungsvolle Veduten ergänzen dieses hübsche Geschenk für die Kaiserin: der Blick auf Wien, Schönbrunn, Laxenburg, die sensationelle Semmering-bahn-Trasse (mit einer Galerie zuviel) bis zur Landschaft auf Korfu und die Villa „Mon Repos", wo Elisabeth im Jahr 1861 wohnte (und wo 1921 Prinz Philip, der Gemahl der Königin Elisabeth II., zur Welt kam) und schließlich Elisabeth selbst, nachempfunden einer Photo-graphie von Ludwig Angerer aus dem Jahr 1860. Im Deckel die Symbolfiguren für die Austria und die Bavaria in einer allegorischen Darstellung, bezogen auf die Hochzeit (nach einem Gemälde von Leander Russ, 1854)

Elisabeth im Morgenlicht. Kopie von E. Riegele, 1923, nach dem Gemälde von Franz Xaver Winterhalter, 1864

en und ihre alten Sonderrechte wiedererstehen zu lassen. Ansonsten vergingen die Tage mit Spaziergängen, Kartenspiel, Musizieren und Lesen in einer traumhaft schönen Natur. Die Kinder aber vermißte Elisabeth sehr und schrieb der vierjährigen Gisela: „Du weißt schon, was ich Dir für schöne kleine Vögel mitbringen werde, in einem hübschen Vogelhaus, und dann werde ich Dir Musik machen und Dir auch eine ganz kleine Guitarre zum spielen bringen."

Im Mai 1861 kam sie heim, aber schon nach ein paar Tagen setzten die alten Beschwerden – Schlaflosigkeit, Widerwillen gegen Essen, Weinkrämpfe, Fieber, Husten – wieder ein. Allgemeine Bestürzung, Abreise nach Korfu. Als Franz Joseph seine Frau im Oktober „in diesem irdischen Paradies" besuchte, war er sehr erleichtert: „Sisi ist wirklich viel besser, besonders kräftiger, und sieht sehr gut aus. Sie ist stärker geworden ... hustet sehr wenig und ohne Brustschmerz und die Nerven sind viel ruhiger. Sie ... ißt dreimal des Tages viel Fleisch und trinkt Bier." Gemeinsam machten sie Spaziergänge, und Franz Joseph konnte Elisabeth überreden, den Winter in Venedig zu verbringen, „wo ich sie leichter und öfter besuchen und wo sie auch die Kinder sehen kann, nach denen sie sich natürlich sehr sehnt".

In Venedig begann Elisabeth den Winter über ihre Photo-Sammlung anzulegen: Familienphotos, Mitglieder verschiedener Fürstenhäuser und Diplomaten, Künstler und Clowns sowie „weibliche Schönheiten aus aller Welt" (eine Gemäldegalerie zum selben Thema hatte schon ihr Onkel, König Ludwig I. von Bayern, angelegt). Die Kinder kamen im November – auch sie ließ Elisabeth in Venedig photographieren. Ihr Zustand hatte sich wieder verschlechtert, die Beine waren stark geschwollen und schmerzten. Die Kaiserin wurde nach Bad Kissingen zur Kur geschickt und tatsächlich geheilt. Nach Wien aber kam sie erst Mitte August nach einem längeren Aufenthalt in Possenhofen, begleitet von ihrem lieben Bruder „Gackel", damit ihr die Rückkehr nach fast zwei Jahren Abwesenheit leichter fiele. „Wie glücklich ich bin", schrieb Franz Joseph seiner Mutter aus Ischl, „Sisi wieder bei mir zu haben und dadurch endlich nach langem Entbehren ein ‚zu Hause' zu besitzen, brauche ich nicht erst zu sagen."

Wieder war Elisabeth verändert – selbstbewußter und gelöster. „Wir leben jetzt hier [in Schönbrunn] sehr ruhig und still und genießen den herrlichen Herbst. Um 1/2 8 Uhr gehe ich mit Sisi in den Garten, um 8 Uhr kommen die Kinder [Gisela war 6, Rudolf 4 Jahre alt] zum Frühstück, dann fahre ich gewöhnlich in die Stadt; wenn nicht, so gehe oder reite ich von 2 bis 4 Uhr mit Sisi und um 6 Uhr essen wir. Im Theater waren wir erst zweimal. Die Kinder studieren fleißig und besonders Rudolph hat große Freude am Lernen, auch ist er für sein Alter schon sehr gebildet. Sisi macht unglaubliche Fortschritte im Ungarischen", so schildert der Kaiser die Idylle im August 1863.

Den Sommer verbrachte sie mit Franz Joseph und den Kindern in Ischl. Dazu kamen, übers Jahr verteilt, kurze Aufenthalte in der „frischen Gebirgsluft" der Reichenau. Die Kuren in Bad Kissingen wurden wiederholt; über Elisabeths Gesundheit wachte nun der herzoglich-bayerische Leibarzt. Treffen mit ihrer Familie fanden häufig statt, aber auch mit der habsburgischen Verwandtschaft fand sie manchen Kontakt. Sie zeigte sich mehr in der Öffentlichkeit und besuchte wieder Hofbälle. Sie ließ sich gleich dreimal von dem berühmten Franz Xaver Winterhalter, dem Portraitisten der gekrönten Häupter, malen: Das bekannteste Bild, die Kaiserin im weißen Kleid mit den Diamantsternen des Wiener Juweliers Köchert im Haar, entstand 1864, gefolgt von den beiden Gemälden privaten Charakters, die Elisabeth im Frisiermantel mit offenem Haar zeigen. Für Franz Joseph waren diese Bilder die „ersten ähnlichen Porträts von ihr".

1865 verlangte sie die Abberufung des Grafen Leopold Gondrecourt als Erzieher ihres Sohnes, weil dieser den sensiblen Knaben seit einem Jahr, als Rudolf sechs geworden war, durch drakonische Abhärtungsmaßnahmen drangsalierte, und setzte sich bei Franz Joseph gegen die Schwiegermutter durch. Mit dem bekannten Schreiben, das so recht dokumentiert, wie sehr sie sich verändert hatte, stellte sie ihrem Mann am 27. August 1865 die ultimativen Forderungen: „Ich wünsche, daß mir vorbehalten bleibe unumschränkte Vollmacht in Allem, was die Kinder betrifft, die Wahl ihrer Umgebung, den Ort ihres Aufenthaltes, die complette Leitung ihrer Erziehung, mit einem Wort, alles bleibt mir ganz allein zu bestimmen, bis zum Moment der Volljährigkeit. Ferner wünsche ich, daß, was immer meine persönlichen Angelegenheiten betrifft, wie unter anderem die Wahl meiner Umgebung, den Ort meines Aufenthaltes, alle Anordnungen im Haus p.p. mir allein zu bestimmen vorbehalten bleibt."

Elisabeth und die Kinder waren gerade in Ischl, wo sie Franz Joseph, wann immer er Zeit fand, besuchte. Am 1. Juli hatte er seiner Mutter einen Brief geschrieben, der zum einen das damals gute Klima zwischen den Eheleuten wiedergibt (im Gegensatz zu den Spannungen zwei Monate später), zum andern ein interessantes Licht auf den frühen Tourismus in Ischl wirft: „Vorgestern habe ich allein mit Sisi beim herrlichsten Wetter eine sehr hübsche Partie gemacht. Wir sind um 10 Uhr zum Steg gefahren und von dort zu Fuß auf der Solenleitung auf den Rudolphsturm und dann nach Hallstatt gegangen, wo wir schon um 1 Uhr waren und um 2 Uhr auf dem Balkon des Wirtshauses speisten. Nach Tisch sind wir zum Waldbachstrub gegangen. Das Tal war herrlich beleuchtet und vom frischesten Grün; nur durch eine Menge Trotteln, wie immer, und durch eine neue, in dieser schönen Gegend höchst unpassende Zivilisation verunstaltet. – Es sind nämlich am ganzen Wege eine Menge Butiken mit Schnitzereien und Steinen aufgestellt und sogar ein Kaffeehaus ist entstanden, so daß ich schon erwartete, man müsse wie in der Schweiz beim Wasserfall Entree zahlen. Allein das ist denn doch noch nicht der Fall. Wir waren beide seit unserem Verlobungstage nicht in dem schönen Tal gewesen und gedachten recht viel der damaligen Zeit. Von Hallstatt fuhren wir zu Schiff nach Gosaumühl, gingen von dort zu Fuß nach Steg, von wo wir zu Wagen hierher fuhren und vor 8 Uhr zu Hause waren. Sisi ist jetzt so gut

Kaiserin Elisabeth in großer Robe mit Diamantsternen. Gemälde von Franz Xaver Winterhalter, 1864

zu Fuß, daß wir, wenn sie zurückkommt [von Bad Kissingen], noch viele große Fußtouren vorhaben; auch wird sie mich auf kleine Gemsjagden begleiten und bei mir auf dem Stande sitzen."

Elisabeth zuliebe widersetzte sich Franz Joseph dem üblichen tölpelhaften „Sicherheits"apparat, der ihr das Leben in Wien so sehr verleidete. In seiner leicht sarkastischen Art schrieb er dem Generaladjutanten, Grafen Crenneville: „Ich bitte Sie, dem uns umgebenden uniformierten und geheim sein sollenden Überwachungssystem, das sich wieder besonders blühend entwickelt, erneuert Einhalt zu thun. Wenn wir im Garten spazieren gehen, werden wir auf Schritt und Tritt verfolgt und beobachtet, wenn die Kaiserin in ihren Garten geht oder reitet, steht eine förmliche Plänklerkette hinter den Bäumen und sogar wenn wir spazieren fahren, finden wir an den Orten unserer Promenade die bekannten Leute, so daß ich jetzt das Rettungsmittel erfunden habe, dem Kutscher beim Wegfahren einen falschen Weg zuzurufen … Es ist wirklich eigentlich zum Lachen. Abgesehen von dem Eindruck, den diese … sehr plump und auffällig ausgeführten Maßregeln im Publikum machen müssen, ist diese Staatsgefangenenexistenz, dieses beständige bewacht und belauert sein, nicht zum Aushalten." Die sechziger Jahre haben Elisabeths Ruf als eine

der schönsten Frauen ihrer Zeit begründet. Es sind die Jahre, in denen ihr Aussehen auch ihren eigenen strengen Maßstäben standhielt. „Sie hat eine wunderschöne weiße Haut und die Gestalt einer Zypresse, eine Majestät vom Scheitel ihrer prächtigen Haarfülle bis zur Sohle", schrieb der Schah von Persien Nasr-ed-din 1873 in sein Tagebuch. Das traumhaft dichte, lange, gewellte Haar, in einem hellen Kastanienbraun, das, wenn sie am Frisiertisch saß, sie ganz einhüllte und bis zum Boden reichte, war Elisabeths ganzer Stolz. Als Franz Joseph sie kennenlernte, trug sie es in der Mitte gescheitelt, glatt nach hinten gebürstet und die Zöpfe aufgesteckt, oder – was ihr Gesicht weicher erscheinen ließ – die Strähne ungeflochten um den Kopf drapiert. 1863 engagierte die Kaiserin die Theaterfriseuse Franziska Rösler, später verehelichte Faifalik, die die berühmte und zur Mode gewordene Kronenfrisur aus Zöpfen für Elisabeth kreierte. Das Frisieren nahm angeblich täglich drei Stunden in Anspruch und kam fast einer kultischen Handlung gleich, an deren Ende die ausgekämmten „toten" Haare der Kaiserin auf einem Silbertablett präsentiert wurden. Waren es mehr als zwei oder drei konnte sie recht ungehalten werden. Für festliche Anlässe wurde die Frisur mit Blüten, Perlen oder Edelsteinen geschmückt. Am berühmtesten wurden die schon erwähnten Diamantsterne. Seit etwa 1870 trug Elisabeth Stirnfransen, wie es damals Mode wurde und eventuelle Falten auf der Stirn verbarg. Schminke und Parfum lehnte sie ab.

Seit Madeira widmete sich die Kaiserin mit großem Eifer dem Ungarisch-Studium und besaß bald eine umfangreiche Bibliothek ungarischer Literatur. 1864 erschütterte sie das Zeremoniell durch die Aufnahme eines völlig unbekannten Mädchens aus der Kleinstadt Kecskemét als Vorleserin. Es hieß Ida Ferenczy de Vecseszék, war zwei Jahre jünger als die Kaiserin und nahm bald eine absolute Vertrauensstellung bei ihr ein. Dazu gehörte auch mancher Schabernack, wie zum Beispiel, daß die beiden incognito als gelber und roter Domino verkleidet einen Ball besuchten und Elisabeth mit Idas Hilfe einen jungen Mann in beträchtliche Verwirrung stürzte. Ida führte Elisabeths persönliche Korrespondenz, aber auch Franz Josephs Zusammenkünfte mit Katharina Schratt fanden meistens bei ihr statt. Für Elisabeth verzichtete Ida auf eine eigene Familie und blieb der Kaiserin bis zu deren Tod in ergebener Freundschaft verbunden.

Welche Rolle Ida Ferenczy beim Zustandekommen der Kontakte führender liberaler Politiker Ungarns

Das offizielle Krönungsportrait durfte Georg Raab malen. Das Gemälde entstand 1867 nach einer Photographie von Emil Rabending.

Gegenüber: Elisabeth im ungarischen Krönungskleid (kolorierte Photographie). Es gibt einen überzeugenden Hinweis, daß Emil Rabending die Krönungsserie bereits vor dem Ereignis, d. h. im Jahr 1866, aufnahm!

mit der Kaiserin tatsächlich spielte, blieb bis heute unklar. Sehr gut möglich, daß sie zu diesem Zweck eingeschleust worden war. Ihre Familie war mit Franz Deák, dem in Ungarn hochgeehrten liberalen Vordenker, bekannt, und Ida selbst stand mit Gyula Andrássy in Korrespondenz. Jedenfalls war die neue „Vorleserin" kaum ein paar Wochen „im Amt", als Elisabeths erfolgreiche Bemühungen einsetzten, Franz Joseph zu einem Besuch Ungarns, dem ersten seit 1857, zu bewegen. Das war 1865. Im Jänner des folgenden Jahres kam eine ungarische Delegation nach Wien gereist, um Elisabeth eine offizielle Einladung zu überbringen, an der Spitze der Fürstprimas, der griechisch-orientalische Bischof und Gyula Andrássy. Elisabeth empfing sie in traditioneller ungarischer Tracht im Kreis ihrer ungarischen Hofdamen mit ungarischen Worten. Die Begeisterung war grenzenlos. Abends wurden die Gäste zur Hoftafel gebeten, und anschließend war Cercle angesetzt. Elisabeth – strahlend schön in einem weißen Schleppkleid und mit Perlen im Haar – konversierte zum ersten Mal mit Andrássy, dem „schönen Gehenkten". Diesen Spitznamen trug er, weil er nach dem Zusammenbruch der 48er Revolution, das heißt jener Ereignisse, die ungarischerseits als Freiheitskampf bezeichnet werden, zum Tod durch den Strang verurteilt worden war. Andrássy aber war nach Paris geflohen und 1858 begnadigt worden. Er nannte Elisabeth später wegen ihres Einsatzes für seine Heimat „Ungarns schöne Vorsehung". Die gegenseitige Sympathie war unübersehbar, und bald blühte der Klatsch.

Der mehrwöchige Aufenthalt des Kaiserpaares in Ungarn war reich an gesellschaftlichen Ereignissen. Immer und überall war Elisabeth wegen ihrer Schönheit und ihrer ergreifenden ungarischen Ansprachen der umjubelte Mittelpunkt. Anerkennend schrieb Franz Joseph seiner Mutter: „Sisi ist mir von großer Hilfe durch ihre Höflichkeit, ihren maßhaltenden Takt und ihre gute ungarische Sprache, in welcher die Leute aus schönem Munde manche Ermahnung lieber anhören."

Indessen erachtete Bismarck die Zeit für reif, um Österreich aus dem Deutschen Bund zu drängen. Am 8. April 1866 schlossen Preußen und Italien ein Bündnis, Napoleon III. hatte wieder die Hand im Spiel. Ende Juni stand Österreich in einem Zweifrontenkrieg. Am Vorabend der katastrophalen Niederlage Österreichs bei Königgrätz war Elisabeth aus Ischl nach Wien gekommen; sie wollte Franz Joseph in diesen schweren Tagen nicht alleine lassen. Um sie in Sicherheit zu

wissen, aber auch als Unterpfand für den Fortbestand der positiven Stimmung in Ungarn – immerhin hatte noch keine Krönung stattgefunden, und Preußen schürte die nationalen Tendenzen hier ebenso wie in Böhmen –, schickte er sie mit den Kindern nach Budapest. Die Ungarn sahen in dieser für Österreich so ungünstigen Situation eine Chance, die eigenen Interessen durchzusetzen. „Ihre Königin" war ihnen wieder eine glühende Fürsprecherin, die den Sessel des Außenministers für Andrássy verlangte. Der Kaiser erfüllte diesen Wunsch nicht. Wie böse sie darüber war, kann man aus Franz Josephs Reaktion schließen: „Wenn Du auch recht bös und sekkant warst, so habe ich Dich doch so unendlich lieb, daß ich ohne Dich nicht sein kann", aber Elisabeth sollte doch auch einsehen, „daß es gegen meine Pflicht wäre, mich auf Deinen ausschließlich ungarischen Standpunkt zu stellen und diejenigen Länder, welche in fester Treue namenlose Leiden erduldeten … zurückzusetzen".

Die zweite Juli-Hälfte war ausgefüllt mit den Friedensverhandlungen mit Preußen und den Unterredungen mit Deák und Andrássy, die Franz Joseph selbst führte. Elisabeth informierte er in ausführlichen Briefen. Am 15. März 1867 wurde der „Ausgleich" unterzeichnet, Ungarn hatte eine eigene Regierung, Andrássy wurde Ministerpräsident (1871 übrigens Außenminister der Gesamtmonarchie). Am 8. Juni fand die Krönung des Königs und der Königin in der Matthiaskirche in Ofen statt, mit all den altüberlieferten symbolträchtigen Zeremonien. Die galanten Ungarn schenkten dem Königspaar Schloß Gödöllő, das heißt eigentlich schenkten sie es Elisabeth. Es gefiel ihr nämlich überaus gut, und der Kaiser hatte es aus Geldmangel nicht kaufen können.

Am 20. November schrieb Franz Joseph seiner Mutter: „Sisi geht es Gottlob recht gut und sie glaubt das Kind schon zu fühlen. Sie schont sich sehr, und so bringen wir alle Abende zu Haus im glücklichsten Familienleben zu." Am 22. April 1868 kam Marie Valerie, „das ungarische Kind", zur Welt – auf ausdrücklichen Wunsch der Mutter in Ofen. Daß sie ganz und gar Elisabeths Kind

Gegenüber:
Gruppenbild mit Elisabeth, dem Kronprinzen Rudolf hinter der Kaiserin und Marie Valerie zu ihren Füßen, Franz Joseph sowie dem Brautpaar Gisela und Herzog Leopold von Bayern. Die Verlobung der beiden war der Anlaß für das Bild. Die Gestalt der Kaiserin wurde nach einer Photographie von Emil Rabending ins Bild „komponiert". (Kolorierte Photographie auf Salzpapier nach einem Aquarell von Emil von Hartitzsch)

werden sollte, zeigte schon der erste Tag: „Die Kleine ist sehr stark und wohlgenährt, weniger garstig als manche andere kleine Kinder und hat besonders viele dunkle Haare. Sie hat den ganzen Tag bei Sisi, meistens in ihrem Bett neben ihr liegend, zugebracht und hielt erst abends ihren Einzug in die Kindskammer ...", schilderte Franz Joseph die Idylle. Marie Valerie bekam eine ungarische Amme, eine ungarische Kinderfrau

und später einen ungarischen Hofstaat. Sie war der Liebling der Mutter, das „einzige Kind", von dem sie sich nie trennte, bis Marie Valerie 1890 heiratete. Sie durfte den Mann heiraten, den sie liebte, Erzherzog Franz Salvator. Als das Töchterchen vier Jahre alt war, bekannte Elisabeth der Gräfin Festetics: „Jetzt weiß ich es, was für eine Glückseligkeit ein Kind bedeutet ..."

Nicht nur der „Ausgleich" mit Ungarn wurde in Österreich heftig diskutiert, auch die öffentliche Meinung in Gestalt der liberalen Presse begann Elisabeth zu kritisieren und ihre Hungaromanie zu bespötteln, was wiederum die Kaiserin-Königin veranlaßte, erst recht ihre Vorliebe für Ungarn bei jeder Gelegenheit, manchmal auch provokant, zur Schau zu stellen.

Die Bosheiten der Zeitungen, aber auch die unausgesprochene Ablehnung durch die Wiener Gesellschaft führten dazu, daß Elisabeth Wien immer häufiger und länger fernblieb. Wenn Sie aber ihren Repräsentationspflichten nachkam, dann mit Grandezza, schön wie eh und je und unnahbar. Treffend formulierte der deutsche Kaiser, Wilhelm II., in seinen Erinnerungen: „Sie setzte sich nicht, sondern sie liess sich nieder, sie stand nicht auf, sondern sie erhob sich." Elisabeth genoß es, die Menschen, wenigstens deren männliche Hälfte, durch ihre Schönheit zu bezaubern, andererseits verbarg sie hinter der Maske der Unnahbarkeit ihre lebenslange, mitunter bis zur Sprachlosigkeit gesteigerte Menschenscheu.

Franz Joseph mußte schon bald nach der Geburt der Jüngsten auf das „stille, gemütliche Familienleben" mit seinem „heißgeliebten Engel" und den Kindern, in dem er sich so wohl fühlte, verzichten, zumindest in Wien. Obwohl bei ihm die Pflichterfüllung an oberster Stelle stand und er selten über seine Gefühle sprach, ist seinen Briefen zu entnehmen, daß er – vor allem in der dunklen Jahreszeit – oft schwermütig war und daß ihm das Alleinsein Schwierigkeiten bereitete. Als in den späten Jahren auch „die Freundin", so nannte der Kaiser Katharina Schratt stets Elisabeth gegenüber, das Reisefieber packte, klingt es zwischen Ironie und Resignation, wenn er sich beklagte, daß ihn nun seine beiden Engel allein lassen würden.

Sehr oft war Elisabeth in Gödöllő; hier, in der Reitschule, die durch einen gedeckten Holzgang direkt mit ihrem Appartement verbunden war, konnte sie – im Gegensatz zur Freudenau – unbehelligt von den bösen Blicken und Zungen der Wiener ihre Dressurkunststücke üben. Nach dem Tod der Erzherzogin Sophie (1872) hielt sie sich gerne in Ischl auf, und häufig traf sie ihre Schwestern, die alle wenig Glück in ihren Ehen hatten, ausgenommen Nené, verehelichte Thurn und Taxis, die aber mit 32 Jahren nach der Geburt ihres vierten Kindes Witwe wurde. Gerne fuhr

Gegenüber: Kolorierte Photographie auf Salzpapier nach einem Gemälde von Georg Raab, 1873

Prinzessin Stephanie von Belgien in dem Kleid, das sie auf ihrem Verlobungsball trug, und Kronprinz Rudolf (oben), das offizielle Verlobungsbild (unten). (Kolorierte Photographien aus dem Atelier Geruzet Frères, Brüssel 1880)

Elisabeth nach Possenhofen, wo sich die ganze Familie einfand und ein gemütliches Durcheinander herrschte, oder in das nahe Feldafing am Starnberger See, wo sie 24 (!) Sommer hindurch drei bis vier Wochen im Hotel Strauch Quartier nahm. Mit dem Sonderzug wurden dann auch ihre Lieblingspferde und -hunde, ja sogar Equipagen mitgebracht. Der Hofstaat war in den umliegenden Villen einquartiert. 1882, als sie nicht mehr so viel reiten konnte, ließ Elisabeth im Obergeschoß sogar, wie in ihren Schlössern, einen Turnsaal einrichten und den Boden mit Matratzen auslegen. Nicht nur die Geschwister mit ihren Familien kamen sie hier häufig besuchen. Am Starnberger See traf sie fast jedes Jahr Ludwig II., der 1864 18jährig König von Bayern geworden war. Anfangs begeistert von dem Gleichklang ihrer Seelen, wurden ihr die exaltierten Beweise seiner Verehrung mit der Zeit peinlich, und, als die Verlobung mit Elisabeths jüngster Schwester Sophie in Brüche ging, schrieb sie ihrer Mutter empört: „Es gibt keinen Ausdruck für ein solches Benehmen. Ich begreife nur nicht, wie er sich wieder sehen lassen kann in München, nach allem, was vorgefallen ist." In den achtziger Jahren trafen Elisabeth und Ludwig wieder zu gemeinsamen Bootsfahrten auf dem See zusammen. Einer hatte für des anderen Probleme mit der species „Mensch" Verständnis. Beide suchten Zuflucht in „besseren Welten", Elisabeth in der griechischen Antike, Ludwig bei Wagners germanischen Helden. Deshalb war Elisabeth so sehr erschüttert, als Ludwig für geisteskrank erklärt und entmündigt wurde (auch sein Bruder Otto war 1876 interniert worden), und ebenso von seinem tragischen Ende. Verbissen hielt sie an der Version, Ludwig sei nicht geisteskrank gewesen, sondern am Unverständnis seiner Umwelt zugrunde gegangen, fest. Aber der Gedanke, daß auch in ihr das kranke Bayernblut vorhanden sei und weiterwirken könnte, quälte sie, besonders nach dem Tod des Kronprinzen Rudolf.

Solange Marie Valerie im Kleinkindalter war, verhielt sich Elisabeth recht seßhaft. 1870–1872 galt ihre Begeisterung Meran. Im ersten Jahr kam sie im Oktober in Begleitung ihrer beiden Töchter und eines Hofstaates von 102 Personen angereist. Sie ließ ihre Lieblingshunde bringen, Pferde kaufen und machte weite Ausflüge. Über Weihnachten kamen Franz Joseph und Rudolf zu Besuch. Elisabeth blieb mit einer kurzen Unterbrechung bis Anfang Juni 1871 und kam im Oktober für einen fast sieben Monate dauernden Aufenthalt wieder. Wann immer es ihm möglich war, fand sich auch Franz Joseph ein. 1874 entschloß sich

Elisabeth zu einer weiten Reise – wie immer mit Marie Valerie. Eingeladen von ihrer Schwester Marie, der Exkönigin von Neapel, kam sie – incognito unter dem von da an meistens gebrauchten Namen „Gräfin von Hohenembs" – zum ersten Mal nach England, auf die Isle of Wight, wo Marie ein Jagdhaus besaß und wo auch der Sommersitz der Queen Victoria lag. Dort lernte sie das internationale Flair der Pferderennen und Jagdgesellschaften kennen und war begeistert.

Das Reiten war von Kindheit an Elisabeths größte Leidenschaft. Schon vom Vater hatte sie das Kunstreiten gelernt und verfeinerte es mit Hilfe der Reitlehrer aus der Spanischen Hofreitschule zu großer Perfektion. Die Artistik lernte sie von den Mitgliedern des Zirkus Renz; einmal staunte die kleine Marie Valerie nicht wenig: „Mama springt durch zwei Reifen!" Nun aber begann das Jahrzehnt exzessiven Reitens, immer an den gefährlichen Grenzen des Machbaren angesiedelt. Nur einmal stürzte Elisabeth besorgniserregend, nicht in England, sondern in der Normandie, wohin sie sich eigentlich der Bäder wegen begeben hatte. Wie überall lagen ihrer Schönheit auch in England die Männer zu Füßen, ob es der zudringliche Prince of Wales war, den sie in ihren „Titania"-Gedichten verspottete, oder ihr Trainer, der Schotte Bay Middleton. Erst war er der Verpflichtung nur ungern nachgekommen, dann aber erkannte er Elisabeths Talent und ihre fast magische Kraft über Pferde und machte sie zur „Königin hinter der Meute". Die Parforcejagd war etwas für Herrenreiter. Elisabeth aber konnte mit den besten mithalten. In der Leidenschaft für Pferde trafen sich ihre Interessen mit denen Franz Josephs, und sie bedauerte, daß er nicht Zeit fand, „einen Rutscher" nach England zu machen. Im Jänner 1878 schrieb sie ihm: „Wärst Du nur hier, ich sage es auf jeder Jagd, und wie Du populär wärst dank Deinem guten Reiten und Deinem Verständnis für die Jagd. Aber gefährlich wäre es, denn Du ließest Dich nicht von Captain Middleton hofmeistern und würdest über alles hinüberspritzen, wo nachgeschaut wird, ob es auch nicht zu tief oder zu breit ist!" Tatsächlich fügte sich die eigenwillige Kaiserin der Kennerschaft des Captain und anerkannte seine Autorität. Von 1879 an bevorzugte sie allerdings Irland: Die Hindernisse waren höher, die Gräben breiter, und es gab keine gesellschaftlichen Verpflichtungen zu erfüllen – „Einer der vielen Vorzüge Irlands ist auch der, daß es keine Herrschaften hat", so Elisabeth.

Seit Anfang der achtziger Jahre litt Elisabeth zunehmend unter rheumatischen Beschwerden,

1882 war ihre letzte englische Saison. Seit 1883 finden wir sie jedes Jahr auf Kur; große Stücke hielt sie auf den berühmten Masseur Metzger in Amsterdam. Franz Joseph gab sich der Hoffnung hin, Elisabeth wieder an Wiens Umgebung zu binden und ließ ihr im Lainzer Tiergarten die Villa Hermes errichten, mit allem, womit er sie zu erfreuen meinte. Da gab es ein Turnzimmer, pompejanisch ausgemalt, und Hans Makart war beauftragt worden, das Schlafzimmer mit Szenen aus Shakespeares „Sommernachtstraum" zu dekorieren. Der „Sommernachtstraum" war Elisabeths Lieblingsstück. In vielen ihrer Gedichte schlüpfte sie in die Rolle der Feenkönigin Titania, Franz Joseph war Oberon mit dem Eselskopf. Übermütig konnten ihre Verse auch eine ganze Reihe eselsköpfiger Verehrer besingen, aber im Grunde erkannte sie resignierend die Wahrheit vom „Eselskopf unserer Illusionen, den wir unaufhörlich liebkosen …".

Elisabeth gefiel die einsame Lage von „Titanias Zauberschloß" mit dem riesigen, von einer Mauer umgebenen Waldgebiet rundum, aber dennoch blieb es eine in den Augen Franz Josephs viel zu selten aufgesuchte Zwischenstation. Der Kaiser war schon glücklich, wenn er in Ischl oder an der Riviera auf Cap Martin ein paar Tage mit Elisabeth verbringen konnte. Im September 1882 aber ließ sie es sich nicht nehmen, den Kaiser auf eine Reise nach Dalmatien zu begleiten, obwohl (oder gerade weil?) diese wegen der Attentatsgefahr als gefährlich galt.

Lebenslang achtete Elisabeth auf ihre Figur. Sie war 172 cm groß und wog zwischen 45 und 50 kg. Bewundernswert war ihre Taille: Sie maß etwa 48, bei der Sechzigjährigen 55 cm Umfang. Elisabeth war von Kind an gewohnt, sich viel in frischer Luft aufzuhalten, eine Neigung, die sie ihrer Figur zuliebe an die Grenze des Erträglichen (für jene, die sie begleiten mußten) steigerte: stundenlange Gewaltmärsche, Reiten, Fechten, Schwimmen, Gymnastik (in jedem Schloß wurde ein Turnzimmer mit Ringen und quergespannten Seilen zum Überspringen eingerichtet). Dazu kamen Hungerkuren und verschiedene Diäten, die ihre Gesundheit schädigten: Ödeme und Rheuma oder Gicht waren die Folge, letztere möglicherweise von dem vielen Fleisch, den konzentrierten Fleischbrühen und der zeitweise geübten Praxis, sich nur von roh ausgepreßtem Fleischsaft zu ernähren.

Elisabeth liebte Milch, kuhwarm oder sauer, weshalb zum Beispiel im Areal der Hermesvilla ausgesuchte Kühe unter der Oberaufsicht der vertrauenswürdigen Ida Ferenczy gehalten wurden.

Zeitweilig nahm Elisabeth Kühe und Ziegen auf Reisen mit, aber besonders die Seefahrt bekam ihnen nicht. Nur zwei Versuchungen konnte sie nicht widerstehen: Sie naschte Konfekt und Gefrorenes (etwa das berühmt gewordene Veilchen-Sorbet), manchmal sogar Torten, und mochte – besonders süßen – Wein. Als Franz Joseph im Herbst 1867 in Paris war, sollte er für Elisabeth Zuckerln und Madelaines besorgen.

Durch die vielen Briefe Franz Josephs an Elisabeth ziehen sich die Bitten und Hoffnungen, sie möge doch regelmäßig und ein wenig mehr essen, wie ein roter Faden. An „die Freundin" Katharina Schratt schrieb er einmal zufrieden: „Ich finde sie [die Kaiserin], trotz Milch- und Obst-Fasttagen, eher stärker geworden, hüte mich aber natürlich, diese Ansicht zu äußern." Es mutet ein wenig tragikomisch an, daß „die Freundin" in den neunziger Jahren ebenfalls Gefallen an Kuren fand oder Elisabeth einfach imitierte, der arme Franz Joseph wieder oft allein war und zwischen den beiden Frauen den Vermittler von Diäten und deren Wirkung abgeben mußte. Er war ziemlich entsetzt über Elisabeths im Herbst 1897 geäußerte Idee, „in der Villa Hermes zwei Badekabinen, eine für Dich und eine für die Freundin, bauen zu lassen, in welchen Ihr geröstet oder abgebrannt werden sollt. Es wäre doch schrecklich, wenn Du nach den traurigen Erfahrungen, welche Du mit den Dampfbädern gemacht hast, wieder eine neue ähnliche Kur unternehmen und auch die Freundin, die jeden medicinischen Unsinn mitmacht, mit ins Verderben stürzen würdest!"

Bei der Schratt verfehlten nämlich alle Diäten den gewünschten Erfolg, und Elisabeth höhnte poetisch:

Dein dicker Engel kommt ja schon
Im Sommer mit den Rosen.
……

Sie bringt sich mit ihr Butterfaß
Und läßt sich Butter bereiten,
Sie macht mit Cognac die Haare naß
Und lernt am End noch reiten.

Sie schnürt den Bauch sich ins Korsett,
Daß alle Fugen krachen.
……

Im Häuschen der Geranien,
Wo alles fein und glatt,
Dünkt sie sich gleich Titanien,
Die arme dicke Schratt.

Kaiserin Elisabeth auf Korfu. Pastell von
Friedrich August von Kaulbach, nach 1898

Gegenüber: Wenige Monate nach Elisabeths Tod gab
Franz Joseph dem berühmten ungarischen Maler Gyula
Benczúr den Auftrag, ein Portrait der Kaiserin als
Geschenk für Ida von Ferenczy zu malen. Er besichtigte
es in Ofen (Buda) und schrieb am 23. Oktober 1899 an
Katharina Schratt: „Es ist ein wunderschönes Bild, die
Gestalt vorzüglich und auch das in jugendlichem Alter
gedachte Gesicht ähnlich und mit sehr angenehmen
Ausdrucke".

Nachdem Elisabeth das Reiten aufgegeben hatte,
las sie viel, entdeckte ihre Liebe zu Heine, dichtete in seinem Stil und befaßte sich in der ihr
eigenen Akribie mit seinem Lebenslauf und
Œuvre so intensiv, daß sie in Echtheitsfragen
(zurecht) herangezogen wurde. Nach wie vor
liebte sie Shakespeare und neuerdings den re-
volutionären Romantiker Lord Byron, von dessen
Biographie inspiriert, sie sich für den griechischen
Freiheitskampf gegen das Osmanenreich zu inter-
essieren begann. Die sensationellen Ausgrabun-
gen Schliemanns und die Lektüre Homers
veranlaßten Elisabeth im Oktober 1885 zu einer
Reise auf der Yacht „Miramar" von Korfu nach
Patras, Korinth, Zante, Troja, Smyrna, Rhodos,
Zypern, Port Said, Alexandrien, Ithaka und wieder
zurück nach Korfu. Der dortige österreichische
Konsul, Alexander von Warsberg, der als der beste
deutschsprachige Griechenlandkenner galt, war
ihr Reiseführer. Korfu gefiel ihr. 1887 und 1888
kam sie nach Kreuzfahrten in der Ägäis wieder
und beschloß, hier zu wohnen, in einem eigenen
Schloß. Um diese Zeit begann sie Neu- und Alt-
griechisch zu lernen; wenige Jahre später konnte
sie Homer oder auch Shakespeare-Dramen spie-
lend ins Neugriechische übersetzen.

Am Heiligen Abend des Jahres 1888, es war der
51. Geburtstag Elisabeths, verlobte sich ihr
Liebling Marie Valerie mit Erzherzog Franz
Salvator aus der habsburgischen Linie Toscana.
Schon die bevorstehende Trennung von der
Tochter bedeutete einen schweren Einschnitt in
Elisabeths gewohntes Leben. Am 30. Jänner des
nächsten Jahres aber passierte die Tragödie: Der
einzige Sohn, zu dem Elisabeth kein persönliches
Verhältnis gefunden und auch nicht gesucht hatte,
war tot. Als er sechs Jahre alt gewesen war, da
hatte sie ihn aus der Hand eines harten Erziehers
befreit, seit seinem zehnten Lebensjahr aber hatte
die Mutter nur mehr Interesse für die kleine
Schwester gehabt. Als es zu spät war, wurde sie
sich aller Versäumnisse, aller nicht wahrgenom-
menen Gelegenheiten bewußt. Scheinbar völlig
gefaßt informierte sie den Kaiser und nahm an
den Begräbnisfeierlichkeiten teil. Erst Wochen
später brach sie zusammen. Da riet ihr sogar
Franz Joseph, Wien zu verlassen.

Wie eine einzige große Reise nehmen sich die
letzten Jahre der Kaiserin aus: Kuren in den
Bädern Kissingen, Brückenau, Karlsbad,
Wiesbaden, Nauheim, in Meran und in Aix-les-
Bains, Seereisen nach Portugal, Spanien und an
die afrikanische Küste, Sizilien, die Balearen,
Korfu, wo sie das neue Schloß, das Achilleion,

kaum daß es vollendet und eingerichtet war, wieder verkaufen will. Sie ist mehrmals in Heidelberg anzutreffen, auch in Possenhofen und München, in Paris, Marseille und auf Korsika, in Florenz, Pompeji und auf Capri, am Comosee, in Mailand und Genua, in Athen und Korinth, in Zürich, Luzern und am Genfer See, im November 1891 fast drei Wochen in Kairo, dann wieder in Ofen und in Gödöllő, um endgültig ihren Reitstall aufzulösen ..., dazwischen wenige Tage mit Franz Joseph in Miramar, Ischl oder in Cap Martin, in der Villa Hermes oder in Gastein, auch zu Gast bei Marie Valerie auf Schloß Lichtenegg bei Wels und später in Wallsee. Einen raren offiziellen Termin nahm sie in diesen Jahren wahr – den Ungarn zuliebe begleitete sie Franz Joseph zu den Millenniumsfeierlichkeiten des Königreiches im April 1896.

Aus der selten unterbrochenen räumlichen Distanz entstand eine eigenartige Form von Nähe zwischen Elisabeth und Franz Joseph. „Wie freut es mich, daß Du denselben Gedanken des uns jetzt nahe seins hattest, den ich Dir in meinem letzten Brief aussprach", formulierte er am 21. Oktober 1890.

In den letzten Jahren schrieb er ihr alle zwei bis drei Tage einen Brief (im Jahr 1897 waren es 98), sie antwortete zweimal in der Woche. Wenn er vier Tage verstreichen ließ, bat er um Verzeihung, Elisabeths Briefe erwartete er mit Ungeduld. Am Sylvestermorgen 1888 schrieb er an sie: „Ich ... bitte Dich, mir Deine Liebe, Nachsicht und Güte zu erhalten. Ich habe mit heißestem Danke das beseeligende Gefühl, daß deine Liebe mit den zunehmenden Jahren, auch zunimmt, statt zu erkalten und das macht mich unendlich glücklich", und acht Jahre später: „Ich finde, daß wir uns mit dem zunehmenden Alter immer lieber haben und uns gar so gut vertragen. Gott erhalte es so!" (21. Dezember 1896).

Am meisten fürchtete er ihre Schiffsreisen, und es fiel ihm ein Stein vom Herzen, wenn er festen Boden unter ihren Füßen wußte. Manchmal wünschte sie sich, daß der Kaiser sie besuchen solle. Meistens hinderte ihn die Arbeit daran. Mitunter schickte sie ihm ein Geschenk, was ihn sehr rührte. Auch für „die Freundin" und vor allem für die Enkelkinder und die Kinder der Geschwister kaufte sie in aller Welt ein.

Franz Joseph sehnte sich danach, ein paar Wochen, manchmal nur ein paar Tage mit Elisabeth verleben zu können. Nicht immer verliefen diese Treffen harmonisch. Umso dankbarer war er, wenn alles gut ging: „Das ist wohl mein letzter Brief vor dem ersehnten und nun nach langer Trennung endlich so baldigen Wiedersehen. Es ist so ein beglückender Gedanke, daß ich Überübermorgen bei Dir sein werde und hoffentlich werden wir recht angenehme Tage am Genfer See zubringen ... Dein Wunsch, mich bis 20. März in Territet zu behalten, hat mich gefreut und gerührt, ich zweifle aber. daß es mir möglich sein wird, so lang von hier weg zu bleiben" (25. Februar 1893). Er blieb dann doch fast solange. „Es scheint mir eine Ewigkeit seit wir uns getrennt haben und so lange wird es dauern bis wir uns wieder sehen. ..." (19. März). „Innigsten Dank für Deine Güte. Ich denke viel und gerne an die guten Tage in Territet und an die Liebe, die Du mir dort erwiesen hast ... Dich in Liebe und Sehnsucht umarmend ..." (22. März). „Daß Du bedauert hast, mich nicht bei Dir zu haben, hat mich sehr gerührt und gefreut. Auch ich sehne mich unendlich nach Dir und denke in meinen vielen einsamen und melancholischen Stunden immer an Territet und an die dortige gute Zeit. Ich bin schon lange nicht so trübsinnig gewesen, wie jetzt ..." (26. März). „Ich bin so glücklich, daß Du jetzt öfter schreibst ... Was Du von Mailand schreibst, hat mich sehr interessirt und alte Erinnerungen wieder wachgerufen. ... Die Erinnerung an die Zimmer im Palazzo Reale und an unser liebes Baby hat mich recht wehmütig gestimmt. Wie viel Kummer und Schmerz liegt in den seither vergangenen beinahe 40 Jahren! Ich war lange Zeit nicht so melancholisch gestimmt, wie seit meiner Rückkehr von Territet. ... In Liebe und zunehmender Sehnsucht umarmt Dich ..." (26. März). So und ähnlich schrieb der 63jährige Franz Joseph der 56jährigen Elisabeth.

Der Tod kam überraschend. Luigi Lucheni las in der Zeitung, daß die österreichische Kaiserin im Genfer Hotel „Beau Rivage" abgestiegen sei. Seit dem Frühjahr war er in der Schweiz. Er war Anarchist und hatte auf irgendein hochgestelltes Opfer gewartet, nicht explizit auf Elisabeth. Am 10. September 1898 machte Elisabeth vormittags Einkäufe. Um halb zwei Uhr verläßt sie das Hotel in Begleitung der Gräfin Irma Sztáray und geht ans Ufer, um das Schiff nach Caux zu nehmen. Lucheni stößt ihr eine spitz zugeschliffene dreikantige Feile in die Brust, zieht sie wieder heraus und läuft davon. Elisabeth stürzt, Leute helfen ihr auf, sie bedankt sich, geht im Schock noch aufs Schiff, fragt die Sztáray, was jener furchtbare Mensch gewollt habe, vielleicht ihre Uhr? Das Schiff legt ab, Elisabeth bricht zusammen. Man

*Ein Andenken an Kaiserin Elisabeth. Das Portrait wurde
von „Pericick" auf Seide gemalt, übrigens nach der letzten Photographie von Ludwig Angerer (1868/69) in der
retouchierten Version von Carl Pietzner (1898), und
dann mit Perlen, Seiden- und Goldfäden bestickt.*

denkt an eine Ohnmacht, öffnet das Mieder. Das Hemd hat ein Loch, auf der Brust ist ein kleiner Fleck, ein einziger verwischter Blutstropfen. Das Schiff fährt zurück, man trägt die Kaiserin ins Hotel. Sie ist tot.

Am selben 10. September schickte Franz Joseph einen Brief ab: „Meine süße, geliebte Seele" – so die Anrede, aus dem Ungarischen übersetzt – „Sehr erfreut hat mich die bessere Stimmung, die Deinen Brief durchweht und Deine Zufriedenheit mit dem Wetter, der Luft und Deiner Wohnung sammt Terrasse, welche einen wunderbaren Ausblick auf Berge und See gewähren muß. Daß Du dennoch eine Art Heimweh nach unserer lieben Villa Hermes gefühlt hast, hat mich gerührt."

Mit dem Tod aber begann Elisabeths Unsterblichkeit – in einem ganz irdischen Sinn. Vergessen waren alle Kritikpunkte. Durch den gewaltsamen Tod war sie zur Märtyrerin geworden – die Mater dolorosa, die Leidgeprüfte bis zum bitteren Ende. Doch da gab es auch das Bedürfnis, Elisabeth in ihrer strahlenden Schönheit unsterblich werden zu lassen. Zur Entstehung dieses Mythos hatte sie selbst wesentlich beigetragen, und das wurde respektiert. Das Bild,

das Franz Joseph bei Gyula Benczúr in Auftrag gab, um es der treuen Ida Ferenczy zu schenken, zeigt sie zwar im schwarzen Kleid, aber vor Goldgrund wie eine Ikone und in jugendlicher Schönheit. Für das Sterbebildchen verwendete man eine Photographie aus 1868/69. Es wurde zum Postkartenmotiv und blieb allgegenwärtig, bis durch die „Entdeckung" und neue Wertschätzung der Photographie lange Zeit unbeachtete Bestände interessant wurden und die Handvoll Aufnahmen zutage kam, von der die Historiker und die Medien heute zehren. Auch sie zeigen alle die junge Kaiserin. Denn seit Ende der sechziger Jahre begab sich Elisabeth im Gegensatz zu Franz Joseph, der seufzend, aber pflichtgemäß, diese Prozedur über sich ergehen ließ, nicht mehr zum Photographen. Schnappschüssen suchte sie hinter Fächer oder Schirm zu entkommen. Einmal noch, 1873, durfte Georg Raab im Vorzimmer warten und, als die Kaiserin vorbeikam, flüchtige Skizzen anfertigen, mehr schon nicht. Für die Ausführung von Gemälden mußten die Maler die alten Photographien heranziehen. Titania, die Feenkönigin, hatte ihr Gastspiel auf dieser Welt beendet, und doch blieb und bleibt sie gegenwärtig, unsterblich – wie es die Gestalten aus Märchen und Sagen eben sind.

„Unsere Kaiserin in ihren verschiedenen Lebensaltern", mit einigen verworrenen Datierungen. Von rechts oben im Uhrzeigersinn: 1847 – 1854 – 1856 – 1859, richtig: Photographie von Josef Albert, 1865 – 1862, wahrscheinlich nach Rabending, 1865/66, – 1865, richtig: Photographie von Ludwig Angerer, 1860 – 1872, richtig: Photographie von Ludwig Angerer, 1863/64 – 1878. In der Mitte: 1889, richtig: nach dem Gemälde von Georg Raab, 1873.

Ulla Fischer-Westhauser

DIE KUNST DER PHOTOGRAPHIE

Zu Beginn des 19. Jahrhunderts wurde es in bürgerlichen Kreisen modern, Bildnisse von sich und den Seinen zu sammeln oder zu verschenken. War es bis dahin nur begüterten Adeligen vorbehalten gewesen, sich darstellen zu lassen, wurde es durch die Technik der Lithographie einer breiteren Bevölkerungsschicht möglich, ein Portrait von sich anfertigen zu lassen. Die Lithographie, die auch mit Zeichnungen von Gebrauchsgraphikern arbeitete, war wesentlich preiswerter als ein gemaltes Bildnis, rascher herzustellen und konnte beliebig oft vervielfältigt werden. Vom Künstler wurde erwartet, daß er Personen, bei größter naturgetreuer Ähnlichkeit, so vorteilhaft wie möglich abbildete. Thieme – Becker bezeichnen dieses Phänomen nicht zu unrecht als die „wohlwollende Korrektur des Unvorteilhaften". Die Portraits entsprachen also nicht ganz der Wirklichkeit, und deshalb scheint es nicht verwunderlich, daß intensiv nach Mitteln und Wegen geforscht wurde, lebensechte Abbilder zu schaffen.

Im Jahre 1837, dem Geburtsjahr Elisabeths, ließ der Pariser Louis Jacques Mandé Daguerre seine Erfindung eines „Bildes aus Licht" unter dem Namen „Daguerreotypie" registrieren. Es handelte sich um das erste – sehr aufwendige – photographische Verfahren, das aber das Ziehen von Abzügen nicht zuließ. Etwa zur selben Zeit experimentierte unter anderen auch der Engländer William Henry Fox Talbot mit dem neuen Medium, dessen Verfahren, die Talbotypie, Abzüge bereits bedingt ermöglichte, bis schließlich im Februar 1839 der Berliner Astronom Julius Mädler und der Engländer John F. W. Herschel den Begriff „Photographie" prägten.

Mit dieser Erfindung glaubte man nun, ein naturgetreues Abbild der Wirklichkeit erhalten zu können. In ganz Europa war die Neugierde auf lebensechte Bilder geweckt. Interessierte Laien, vor allem aus den Berufsgruppen der Pharmazeuten, Chemiker, Mechaniker usw., begannen mit intensiven Arbeiten an einer Verbesserung der Verfahren und der Optik.

Die Photographien der vierziger und fünfziger Jahre waren also entweder Unikate oder sehr aufwendig in der Vervielfältigung, zeitraubend in der Herstellung und daher teuer, also wieder nur wohlhabenden Käuferschichten vorbehalten. Solange es noch keine geeignetere Möglichkeit zur Vervielfältigung von Lichtbildern gab, dienten diese wiederum als Vorlage für Lithographien; eine Praxis, die sich noch viele Jahre neben der photographischen Vervielfältigung erhalten hat.

Auch wenn die Photographie ein selbständiges Medium war, lehnte sie sich in der Darstellungsweise vollständig an die damals gängige Bildkomposition der Portraitmalerei an. Die Personen nahmen im Bild genau die Haltung ein, die deren Vorbild entsprach. Bürger und höchste Adelige standen dem Photographen in denselben Requisiten Modell! Das waren meist Draperien, Balustraden und Säulen, die den Personen zugleich Halt und Stütze boten, da die Belichtungszeit einige Sekunden dauern konnte. Angesehene Photographen verfügten über luxuriös ausgestattete Räumlichkeiten, in denen sie ihre hochgestellte Kundschaft portraitierten.

Der gestiegenen Nachfrage nach Portraitbildern konnte durch zwei Erfindungen begegnet werden: durch das Anfang der fünfziger Jahre veröffentlichte Nasse-Kollodiumverfahren auf Glas durch Frederic Scott Archer und das Mitte dieses Jahrzehnts aufkommende Visitkartenformat, verbreitet von André Adolphe Disdéri. Mit einer Camera obscura konnten auf einer Glasplatte acht Portraits untergebracht werden, mit den normierten Maßen von ca. 9 x 6 cm. Nach Wien gelangte das Visitkartenformat ab etwa 1857, propagiert wurde es durch Ludwig Angerer, der auch als erster Photograph den Hoftitel erhielt. Die vergleichsweise billige Herstellung von Photographien verursachte eine erste Welle von Ateliergründungen.

Die ausschliessliche
Allerhöchste Erlaubniss
zur Vervielfältigung

der Portraits Seiner Majestät des Kaisers und Königs in Parade=Marschalls= und ungarischer Generalsuniform, Ihrer Majestät der Kaiserin und Königin im Reit = Kostüme, und Seiner k. und k. Hoheit des Durchlauchtigsten Hrn. Erzherzogs-Kronprinzen Rudolf in Parade=Artillerie=Obersten=Uniform, sämmtliche zu Pferde, wurden durch die hohen Erlässe vom 22. Spt. 1876, Z. 1730 und vom 9. November 1877 gewährleistet.

In Wien brach eine wahre „Visitkartenepidemie" aus – jeder wollte ein Bild von sich anfertigen lassen, um es aufzuhängen, zu verschenken oder in Alben aufzubewahren. Gesammelt wurden nicht nur Bilder von sich und den Seinen, sondern auch Portraits der Herrscher und Zeitgenossen des öffentlichen Lebens.

Um 1860 kostete ein Einzelportrait im Durchschnitt einen halben Gulden, ein Dutzend 4 Gulden. Im Vergleich dazu erhielt man für 9 Kreuzer ein Kilogramm Roggenbrot, der Durchschnittsbürger verfügte über ein Jahreseinkommen zwischen 1.500 und 12.000 Gulden.

Kaiserin Elisabeth ließ sich von der Sammelwut anstecken. Zwischen 1861 und 1863/64 füllte sie 39 Alben mit Aufnahmen von Personen ihrer Zeit, gleichzeitig ließ sie sich auch selbst im Atelier Angerer portraitieren. Auch eine Kaiserin begab sich zu jener Zeit in die Räume eines Photographen, denn Technik und Beleuchtung erlaubten nur unter sehr erschwerten Umständen Aufnahmen an beliebigen Orten. Man muß sich vorstellen, daß zum Beispiel ein Landschaftsphotograph praktisch ein ganzes Labor in einem eigenen „Reisewagen" mitzuführen hatte, denn trotz zahlreicher Versuche, praktikable Trockenplatten herzustellen, gelangte man erst in den siebziger Jahren zu brauchbaren Ergebnissen, die auch eine industrielle Fertigung zuließen. Jetzt war es den Photographen endlich möglich, mit „leichtem Gepäck" Aufnahmen außerhalb des Ateliers zu produzieren.

Daß wir heute überhaupt alte Photographien – nicht nur von der Kaiserin – bewundern können, liegt am völligen Fehlen eines Urheberrechtsschutzes. Nicht nur der Kunde hatte keine Kontrolle darüber, was mit seinen Bildern geschah, auch der Photograph mußte es sich gefallen lassen, daß seine Originale kopiert und von Kollegen vertrieben wurden. Es gibt unzählige Beispiele von Musterschutzprozessen, aber so wie heute hinkte die Gesetzgebung dem Fortschritt der Technik immer etwas nach. Die Ursache für einen verspäteten Urheberrechtsschutz muß darin gesucht werden, daß die Photographie lange darum kämpfen mußte, als Kunst anerkannt zu werden.

Auf diese Weise gelangten die vielen Visitkartenportraits in den Handel, und nicht nur die Kaiserin konnte in ganz Europa Bilder völlig unbekannter Personen für ihre Sammelalben erwerben, sondern auch umgekehrt: Viele Menschen konnten die Bilder der Kaiserin kaufen. Das Repertoire des Photographen erweiterte sich darüber hinaus durch die photographische Wiedergabe von Gemälden, Zeichnungen, Statuen, Büsten etc. So hatte auch der wenig Begüterte zumindest das Gefühl, sich ein Kunstwerk leisten zu können.

Der freie Zugang zu Portraitphotographien erleichterte etlichen Künstlern, sich ihre eigene Wirklichkeit zu formen. War man vorerst interessiert, möglichst naturgetreue Abbildungen zu erhalten, verlor sich dieser Anreiz nach und nach, und mit dem Fortschritt der Technik war man bald schon imstande, wieder „wohlwollende Korrekturen" vorzunehmen. Die Kunst der Retouche erlaubte es, völlig neue Bilder aus einer Vorlage herzustellen. Das geschah sowohl am Positiv als auch am Negativ. Mehr oder minder geschickte Photographen konnten mit Hilfe von

Montagen und Retouchen ihr Œuvre rasch vergrößern und damit weitere Geschäftsfelder erschließen. Der erste, der die Negativretouche in der Portraitphotographie zur praktischen Anwendung brachte, war der Münchener Lithograph und Photograph Franz Hanfstaengl; verbreitet wurde dieses Verfahren aber erst durch den Wiener Photographen Emil Rabending. Zwischen 1860 und 1900 war nur „schön", was faltenlos, edel und makellos erschien. Die Manipulationen beschränkten sich aber nicht nur auf die dargestellten Personen, auch die Bildhintergründe wurden mit Hilfe von Tusche, Deckweiß und Pinsel phantasievoll gestaltet. Findige Aquarellisten gestalteten Phantasieszenerien, die abgelichtet als Photographien in den Handel kamen und reißend Absatz fanden. Personen aus Einzelportraits wurden zusammenmontiert und in Phantasielandschaften arrangiert.

Ihre Hochblüte erlebte die Portraitphotographie zweifellos in den sechziger Jahren des vorigen Jahrhunderts, schon im Jahrzehnt danach hatte sie den Reiz des Neuen verloren, wodurch auch im Photographengewerbe ein starker Umbruch stattfand. Abgesehen von den wenigen Prominentenphotographen überlebten nur diejenigen, die neue Ideen einführen konnten oder sich auf Fachbereiche (wie etwa Landschafts-, Kinder-, Industriephotographie) spezialisierten. Die Erfindung des Lichtdrucks durch Josef Albert, die erfolgreiche Entwicklung der Trockenplatte und in der Folge des Rollfilms erweiterten den allgemeinen Zugang zur Photographie. Photographische Abbildungen drangen sukzessive in den Alltag ein; man denke nur an die Ansichtskarte. Am Beginn etwas Besonderes, hat sich die Kunst der Photographie zu einem alltäglichen Medium entwickelt, dessen Möglichkeiten noch immer nicht ausgeschöpft scheinen.

Bildauswahl und Text der folgenden Kapitel
von beiden Autorinnen
aufgrund der Vorarbeiten von Ulla Fischer-Westhauser.

ABSCHIED VON BAYERN

Nach der überraschenden Verlobung mit Franz
Joseph im August 1853 in Bad Ischl stand die
15jährige Elisabeth plötzlich im Mittelpunkt des
Interesses abertausender Menschen. Sie alle wollten
wissen, wie denn die Auserwählte des Kaisers aus-
sehe. So machten sich gute und weniger gute Künstler
daran, sie zu portraitieren.

Gegenüber: Elisabeth, die Braut. Lithographie von
Franz Hanfstaengl, 1853. Oben: Der Abschied vom
Starnberger See – eine romantisierende Fiktion.
Photographie von Gustav Jägermayer nach Aquarell
von Franz Dietrich

Links oben:
Die verschollen geglaubte frühe Photographie zeigt die knapp 15jährige Elisabeth, die offensichtlich wenig Gefallen daran fand, dem Photographen „zu sitzen". Von ihr sagte die Mutter damals, daß sie „keinen einzigen hübschen Zug" habe, und tatsächlich deutet wenig auf die künftige gefeierte Schönheit hin. (Photographie von Alois Löcherer, 1852/53)

Der Münchener Löcherer gilt als Pionier der Photographie. Es gelang dem gelernten Pharmazeuten, die damals gängigen Verfahren (Daguerreotypie, Talbotypie) wegweisend zu verbessern. 1846 zog er mit seinem Atelier zu dem bedeutendsten Lithographen Bayerns, Franz Hanfstaengl.

Links Mitte und unten, rechts unten:
Nach Löcherers Photographie entstanden diese drei Lithographien, und schon wurde retouchiert: Das Gesicht ist ein wenig schmäler, die Augen blicken munterer, und kaum merkbar wird – von einer Version zur nächsten zunehmend – ein Lächeln auf die Lippen der Prinzessin gezaubert. – Franz Joseph hatte sich recht verärgert über das „Mohrengesicht" der ersten Version geäußert. (Lithographien von Friedrich Hohe, 1854)

Elisabeth ist dem Wiener Miniaturenmaler und Lithographen Eduard Kaiser für die Vorlagenzeichnung zu diesem Blatt in Possenhofen Modell gestanden, eine Tätigkeit, die ihr zutiefst zuwider war. Franz Joseph fand auch dieses Ergebnis „miserabel". (Lithographie von Eduard Kaiser, 1853, nach eigener Zeichnung)

Unten:

Die junge Elisabeth wurde mit einer erblühenden Rosenknospe verglichen und oft mit Rosen abgebildet. Ein Geschenk der Erzherzogin Sophie für ihre künftige Schwiegertochter sorgte im winterlichen München für Aufsehen: Als Franz Joseph seine Braut zu Weihnachen 1853 besuchte, brachte er einen Strauß und einen Kranz aus frischen Rosen mit. (Lithographie von Franz Hanfstaengl, 1853)

Oben:

Elisabeth am Ufer des Starnberger Sees. (Lithographie von Eduard Kaiser nach einem eigenen Aquarell, 1853/54)

Gedr. bei W. Wick in München.

Gemält v. Friedrich Dürck.

ELISABETH
Herzogin in Bayern.
Das Original-Gemälde ist im Besitze S. M. des Kaisers von Oesterreich.

Galvanographirt v. L. Schöninger in München

Oben:
Im Herbst 1853 malte Friedrich Dürck in München jenes fast ganzfigurige Portrait Elisabeths, das der kritische Franz Joseph als einziges für wirklich ähnlich hielt. Das Gemälde befindet sich heute im Schloß Miramar. (Galvanographie von Leo Schoeninger, 1853, nach einem Gemälde von Friedrich Dürck, 1853)

Gegenüber:
Schoeningers Graphik regte eine unbekannte Künstlerin zu einer meisterlichen Seidenstickerei an. Sie arbeitete auf dem feinen, hellen Stoff mit schwarzer einfädiger Stickseide. Die Vorderseite wirkt wie ein perfektes Abbild der Galvanographie. Einen eigenen Reiz hat das verwirrende Geflecht feinster Fäden auf der Rückseite.

Geat v. A Mossauer.

Oben und gegenüber (Detail):
Dieses Bild ist ein Kuriosum. Das junge
Kaiserpaar wurde in mühseliger Feinarbeit
aus Tausenden von winzigen Schriftzeichen
zusammengestellt. Der Text handelt von
der Reise der beiden durch die Länder der
Monarchie, die die Kaiserin kennenlernen
sollte. (Stahlstich von A. Mossauer nach
Gemälde von Friedrich Dürck, 1853)

ELISABETH
Kaiserin von Oesterreich

Oben:
Elisabeth wird bereits als Kaiserin von Österreich
bezeichnet, obwohl dieses Blatt noch vor der Hochzeit
entstand. Im Hintergrund ist das Schloß Possenhofen zu
sehen. (Lithographie von H. Kohler, 1853, nach einer
Photographie von Franz Hohbach)

Oben:

Aus Anlaß der Hochzeit fanden viele Blätter wie dieses ihre Käufer. Für Elisabeths Portrait verwendete der Stecher eine der auf Seite 42 gezeigten Lithographien von Friedrich Hohe, die nach Alois Löcherers Photographie von 1853 entstanden waren. Das Jungmädchenkleid aber ersetzte er durch die weit ausgeschnittene Robe aus dem Gemälde von Dürck und drapierte den Hermelin als Zeichen der Herrscherwürde um die zarte Gestalt. (Stahlstich von Josef Axmann)

DIE JUNGE KAISERIN

*In den ersten sechs Ehejahren brachte Elisabeth drei
Kinder zur Welt, und eines starb. Sie mußte Franz
Joseph viel öfter entbehren als ihr lieb war, und sie
litt unter den Zwängen, die am Wiener Hof als selbst-
verständliche Pflichten angesehen wurden.
Mit 23 Jahren war sie dem Zusammenbruch nahe.
Für die Öffentlichkeit aber waren Bilder bestimmt,
die Elisabeth stets glücklich lächelnd zeigen.*

Gegenüber: Erinnerungsblatt an den Aufenthalt des
Kaiserpaares in Venedig im Dezember 1856. Die Vorlage
für das Portrait Elisabeths war eine Ölskizze von Anton
Einsle aus demselben Jahr.
Oben: Lithographie von Albert Dauthage, 1856,
nach einem Gemälde von Franz Schrotzberg

Links:

Verlobung und Hochzeit bedeuteten für viele Künstler Hochkonjunktur. Das Bild der jungen Kaiserin mußte unters Volk gebracht werden. Bei dieser Darstellung handelt es sich um die seitenverkehrte Wiedergabe eines unsignierten Gemäldes (siehe S. 11). Elisabeth trägt den Sternkreuz-Orden, das Abzeichen eines 1668 gegründeten Damenordens, dessen oberste Herrin immer ein weibliches Mitglied des Erzhauses Österreich war. Einer Jahrhunderte alten Tradition folgend, fügte Eduard Kaiser das Portraitmedaillon des Kaisers in ein Armband Elisabeths ein. In der Vorlage ist es noch nicht vorhanden. (Lithographie von Eduard Kaiser, 1855, nach einem unbezeichneten Gemälde)

Links:

Im Jahr 1858, als dieses Portrait entstand, wurde die Kaiserin bereits zum dritten Mal Mutter, und sie hatte gelernt, sich gegen die Bevormundung durch die Schwiegermutter durchzusetzen. Eine Photographie, die wenig später entstanden sein dürfte (siehe S. 55), zeigt sie reifer und schöner. Aber von den Künstlern wurde sie unverändert als „süßes Wiener Mädel" gesehen. (Lithographie von Eduard Kaiser, 1858)

Gegenüber:

Von dieser Aufnahme sind zwei Abzüge erhalten, die der Photograph selbst signierte und datierte, einer von 1857 und der hier abgebildete von 1859. Da die Kaiserin zwischen April 1854 und Juli 1860 jedoch nicht nach München kam, ist anzunehmen, daß die Aufnahme wohl bereits vor 1854 entstanden war. Deutlich sichtbar ist, daß der Ring an Elisabeths Finger nachträglich hinzugefügt wurde. (Photographie von Franz Hanfstaengl, 1859)

Hanfstaengl widmete sich seit 1853 der Photographie, die er von Alois Löcherer von Grund auf erlernte. Er wurde damit genau so erfolgreich wie als Lithograph.

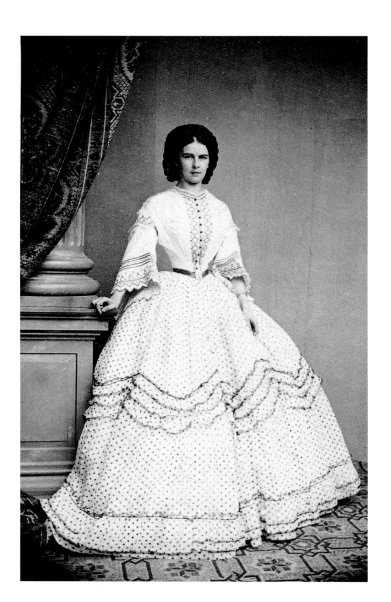

Links:

Mitte Juli 1860 ergriff Elisabeth nach fünf Jahren Ehe zusammen mit ihrer Tochter Gisela die Flucht vor den sie bedrückenden Wiener Verhältnissen. Dafür benützte sie die neue „Kaiserin-Elisabeth-Westbahn" von Wien nach München vier Wochen vor der offiziellen Eröffnung. (Photographie von Hermann Holz, 1860)

Der Maler Hermann Holz (1821–1883) war in den 60er Jahren ein bevorzugter Photograph der Familie Elisabeths.

Gegenüber:

Anders als die Graphik am Ende der 50er Jahre zeigt diese Photographie die ein wenig herbe Schönheit der Kaiserin. Vielleicht trägt Elisabeth auf dieser Aufnahme die berühmte Perlenkette, die ihr Franz Joseph zur Geburt des Kronprinzen Rudolf am 21. August 1858 schenkte. (Photographie, vor 1860)

„…AH, QU'ELLE EST BELLE"

*„ … wie schön sie ist!", rief der Schah von Persien –
jede Etikette mißachtend – aus, als ihn die Kaiserin
1873 empfing. Anfang der 60er Jahre war sie zu
voller Schönheit erblüht, und im Bewußtsein dieser
Schönheit war sie bereit, sich photographieren zu
lassen – ein Jahrzehnt, und nicht länger.
Damals entstanden die berühmten Serien
in den Wiener Ateliers von Ludwig Angerer
und von Emil Rabending.*

Photographien von Ludwig Angerer,
entstanden im Spätherbst 1860

Ludwig Angerer (1827–1879) stammte aus Malaczka bei Preßburg. Der gelernte Pharmazeut begann als Amateur zu photographieren und eröffnete zusammen mit Hugo von Strassern 1857 oder 1858 sein erstes Atelier in Wien, trennte sich aber bald von seinem Partner. 1860 erhielt er den Titel eines Hofphotographen. Von 1867 bis 1872 führte er das Atelier in der Theresianumgasse – das größte in Wien – gemeinsam mit seinem Bruder Viktor und zog sich krankheitshalber im Jahr 1873 aus dem Geschäft zurück.

Gegenüber, oben und rechts:
Im Herbst 1860 ließ die Kaiserin zum ersten Mal eine ganze Portraitserie von sich anfertigen. Die Ausarbeitung erfolgte zusätzlich im neuen Visitkartenformat. Auf einem der Bilder sehen wir sie mit einem Album – ein Hinweis darauf, daß auch sie bereits der in Wien verbreiteten Sammelleidenschaft von Photographien verfallen war.

Die Bilder dieser Serie wurden weit über die Grenzen der Monarchie bekannt. Sie fanden nicht nur bei den Sammlern großes Interesse, sondern auch bei verschiedenen Künstlern, die sie als Vorlagen für ihre eigenen, mehr oder weniger phantasievollen, Darstellungen, für Photomontagen oder Lithographien, verwendeten. Auf diesem Umweg werden sie uns oft begegnen. Aber auch unverändert wurden die Photographien dieser Aufnahmeserie noch Jahrzehnte nach ihrer Entstehung vertrieben, später zusätzlich als Korrespondenzkarten.

Links:

Ludwig Angerers Photographien waren auch für den Portraitisten und zugleich damals angesehensten Lithographen, Josef Kriehuber, willkommene Vorlagen. Mit übereinandergelegten Händen, ohne Buch und Sitzmöbel, enthebt er die Kaiserin der spezifischen Ateliersituation. Ihre Wangen sind runder als auf der Photographie (S. 56 oben), und am meisten fällt auf, daß Kriehuber den bitteren Zug um den Mund in ein Lächeln verwandelte. (Lithographie von Josef Kriehuber, 1861, nach einer Photographie von Ludwig Angerer, 1860)

ELISABETH
Kaiserin von Österreich etc. etc.

Rechts:

Zwei Jahre nach der ersten Lithographie, der eine Photographie Angerers zugrunde lag, entstanden, zeigt diese Darstellung deutlich, daß die Schaffenskraft des einst hervorragenden Lithographen Kriehuber versiegte. Er litt darunter, daß er es nicht verstand, so erfolgreich wie sein Münchener Pendant, Franz Hanfstaengl, mit dem Photoapparat umzugehen. 1863, im Entstehungsjahr dieses Blattes versuchte er sich zum ersten Mal als Portraitphotograph, scheiterte aber kläglich. Im Oktober 1862 hatte er „durch den Kunsthändler Neumann die Bitte überreicht, Ihre Majestät nach dem Beten zeichnen zu dürfen", war aber mit einem „Jetzt nicht, vielleicht später" vertröstet worden. (Lithographie von Josef Kriehuber, 1863, seitenverkehrt nach einem eigenen Aquarell)

Links:
Ein ungenannter Maler, wahrscheinlich Emil von
Hartitzsch, überarbeitete eine Photographie Ludwig
Angerers nach seinen Vorstellungen; mit Tuschpinsel
und Deckweiß kleidete er die Kaiserin anders ein und
stellte sie in eine Parklandschaft. Die Herstellung in
Schwarzweißtechnik läßt den Schluß zu, daß die Arbeit
für die photographische Vervielfältigung vorgesehen
war. Im gängigen Visitkartenformat aufgenommen,
wirkt diese Phantasiedarstellung, oberflächlich
betrachtet, wie eine „echte" Photographie, die sich gut
vermarkten ließ. (Photographie nach einer Tuschemalerei, für die eine Photographie von Ludwig Angerer,
1860, als Vorlage diente.)

Rechts:
Wenn sie ungarische Delegationen
empfing, trug Elisabeth gerne die
traditionelle ungarische Tracht, aber
photographieren ließ sie sich offensichtlich erst mit dem Krönungskleid. Bei
näherer Betrachtung stellt sich heraus,
daß der Photographie einer fülligeren
Dame in Magnatentracht der Kopf der
Kaiserin aus der bekannten Angerer-Serie
„aufgesetzt" und darauf der Schleier
appliziert wurde. (Photomontage unter
Verwendung einer Photographie von
Ludwig Angerer, 1860)

blühend, aber nicht natürlich aussehend, den Ausdruck
gezwungen und nervös au possible, die Farbe so frisch,
daß ich sie echauffiert finde, und wohl nicht mehr so
geschwollen, aber sehr dick und verändert im Gesicht.
Daß Prinz Carl Theodor mitkam, ist ein Beweis, wie
sehr sie es scheut, mit ihm [Franz Joseph] und uns
allein zu sein ...", schrieb damals eine Hofdame.
Mit ihrem Bruder begab sich Elisabeth in das Atelier
Ludwig Angerers und ließ sich mit ihm und allein
photographieren. (Photographien von Ludwig Angerer,
1862)

Gegenüber:

Nach der Rückkehr nach Wien war die Kaiserin
verändert. Sie erschien auf Hofbällen und nahm am
öffentlichen Leben teil. Franz Joseph freute sich über
das wiedergefundene Familienleben und bestaunte die
Fortschritte, die Elisabeth im Ungarischen machte. Im
April 1863 nahm sie die Hoftheater-Friseuse, Franziska
Rösler, später verheiratete Feifalik, in ihre Dienste.
Diese kreierte für die Kaiserin die berühmten, varian-
tenreichen Flechtfrisuren, in die ein traditionelles
Element der ungarischen Haartracht einfloß und die
Elisabeth ihre „Steckbrieffrisuren" nannte. Ludwig
Angerer ist es meisterhaft gelungen, in Haltung und
Ausdruck das neugewonnene Selbstbewußtsein der
Kaiserin einzufangen. (Photographie aus einer Serie
von Ludwig Angerer, 1863/64)

Oben:

Elisabeth trägt über dem Tageskleid einen echten
arabischen Burnus und nicht die europäische Variante,
Bedouine genannt. Der französisch-algerische Krieg
hatte das Interesse an arabischer Folklore geweckt.
Die modebewußte Dame trug als Mantelersatz einen
Umhang über den an den Schultern ausladenden
Kleidern. Elisabeth galt im allgemeinen nicht als
besonders modebewußt; der Burnus entsprach eher
ihrer Neigung für volkstümliche und ethnologische
Produkte, ein zeitgemäßes Interesse, das sie schon
vom Elternhaus mitbekommen hatte. Dieses Interesse
spiegelt sich auch in Geschenken an die Kaiserin
wider, z.B. von wertvollen orientalischen Stoffen und
Accessoires. (Photographie von Ludwig Angerer,
1863/64)

Links und gegenüber:
Elisabeth begab sich wieder in das Atelier Angerer und nahm einen ihrer Lieblingshunde mit. Sie trug eine Schweizer Bluse mit einem Berner Gürtel, der ihre schmale Taille besonders gut zur Geltung brachte. Die Frisur ist ein neuerlicher Beweis der Kunstfertigkeit ihrer Friseuse. Beim stundenlangen Frisieren lernte die Kaiserin Ungarisch, später auch Alt- und Neugriechisch. (Photographien aus einer Serie von Ludwig Angerer, 1864)

Am 12. Jänner schickte die Polizeidirektion Wien an Kievits, alias Cattelli, einen anonymen Hinweis, daß er entdeckt sei. Auf eine Anzeige wurde verzichtet, weil gegen den Erpresser bereits ein Verfahren wegen fahrlässiger Krida lief und weil man Aufsehen vermeiden wollte.

Unten:
Das Material für die Erpressung: Eine Nacktphotographie aus Paris und der Kopf Elisabeths, der aus einer Angerer-Photographie von 1864 ausgeschnitten worden war.

Eine dieser Aufnahmen Angerers wurde für einen gemeinen Erpressungsversuch mißbraucht. Zu Weihnachten 1872 erhielt Franz Joseph einen Brief in französischer Sprache aus Amsterdam: „Sire! Ich habe die Ehre, Ihnen eine Photographie Ihrer Frau zu schicken, die zu einer Kollektion gehört, die überall verkauft werden soll. Ich glaube, daß es für Eure Majestät außerordentlich unerfreulich wäre, wenn diese Portraits verkauft würden, und ich habe vom Photographen die Zusage erlangt, daß er die Negative zerbrechen und die Photographien verbrennen würde, wenn binnen 14 Tagen, d. h. bis zum 6. Jänner, 3000 Francs zu Handen von Herrn Cattelli, postlagernd, Amsterdam, übersandt werden." Widrigenfalls und wenn versucht würde, Recherchen über den Photographen anzustellen, kämen die Aufnahmen sofort – und sogar in den Straßen Wiens – in Umlauf. Dem Brief lag die Photographie einer nackten sitzenden Frau mit einer Lyra bei, die auf einem viel zu üppigen Körper den Kopf der Kaiserin, der durch Retouche etwas geneigt war und dessen Gesichtszüge eine Spur älter gemacht worden waren, trug. Ein Polizeiagent konnte einen schwer verschuldeten Spielwarenhändler namens Josef Kievits ausfindig machen, der sich sechs Photokartons des Ateliers van Rooswinkel & Co, Amsterdam, über einen Mittelsmann besorgt hatte, „um solche mit nackten Frauenzimmerbildern zu bekleben". Schriftvergleiche ergaben, daß er den Brief geschrieben hatte. Weitere gefälschte Aufnahmen wurden nicht gefunden.

Links:

Elisabeth mit ihrem Hund „Houseguard". Im Winter 1865/66 beehrte die Kaiserin Emil Rabending, einen bedeutenden Wiener Photographen neben Ludwig Angerer, und brachte zu diesem Termin einen besonderen Hund mit. Die Kaiserin umgab sich gerne mit großen Hunden, die selten von ihrer Seite wichen und die sie bis in die innersten Gemächer begleiteten. Zwei davon waren ihre Lieblingstiere, die Deutsche Dogge „Shadow" und eine damals in Europa neue Züchtung, der Irische Wolfshund „Houseguard", ein absolutes Statussymbol in männlichen Adelskreisen, den sich Elisabeth in England bestellt hatte. (Photographien aus einer Serie von Emil Rabending, 1865/66)

Oben:

Diese Photographie nach Rabending ist durch die Retouche ausdrucksstärker geworden und war daher beliebter als das Original. Emil von Hartitzsch z.B. verwendete sie als Portrait Elisabeths für eine Darstellung des Kaiserpaares zu Pferd (siehe S. 76). (Photographie von Giovanni Horvath)

Links und unten:
Die Photographie von Elisabeth im
Samtkleid (links) wurde für Retouchen
verwendet. Hier ein besonders hübsches
Beispiel für solche Veränderungen:
Zunächst wurde die Hundeleine entfernt
und dann – da die Handhaltung nun
unnatürlich aussah durch ein Lorgnon
ersetzt. (Stahlstich von August Weger und
Photographie von Giovanni Horvath nach
Rabending)

Folgende Doppelseite:
Photographie von Emil Rabending,
1865/66

Diese Photographie kann mit einiger Sicherheit als die letzte Atelieraufnahme der Kaiserin bezeichnet werden. Sie wurde für das Sterbebild und für eine große Anzahl von ‚Altersdarstellungen' verwendet. – Marie Wallersee, die spätere Gräfin Larisch und Lieblingsnichte der Kaiserin, überliefert uns folgende Sätze Elisabeths: „Sobald ich mich altern fühle, ziehe ich mich ganz von der Welt zurück. Es gibt nichts ‚Grauslicheres', als so nach und nach zur Mumie zu werden und nicht Abschied nehmen zu wollen vom Jungsein. Wenn man dann als geschminkte Larve herumlaufen muß – Pfui! Vielleicht werde ich später immer verschleiert gehen, und nicht einmal meine nächste Umgebung soll mein Gesicht mehr erblicken." (Photographie von Ludwig Angerer, 1868/69)

DIE BESTE REITERIN EUROPAS

Elisabeth war eine kühne und zugleich eine hervorragende Reiterin, die den Vergleich mit den besten englischen Herrenreitern nicht zu scheuen brauchte. Kein Wunder, daß sich die Maler ihrer Zeit, aber auch die reproduzierenden Künstler eifrig diesem Thema widmeten und daß manches als echte Photographie gehandelt wurde, was in Wirklichkeit photographierte Graphik war.

Gegenüber und oben: Photographien von Ludwig Angerer aus dem Jahr 1863. Unten der „Verschnitt":
Die Reiterin ist in den Park von Schönbrunn versetzt, ebenso der Irische Wolfshund „Houseguard".
Er wurde – wie er war – aus dem Atelierbild oben entnommen und hinzumontiert.

Links:
Emil von Hartitzsch war ein phantasievoller „Interpret"
der originalen Photographien der Kaiserin, dessen
Nachschöpfungen weite Verbreitung fanden. Über den
Dresdener Maler ist so gut wie nichts bekannt.
(Photographie nach einer Tuschemalerei)

Oben links: Angerer, 1860, verwendet für das Bild
Elisabeths zu Pferd
Oben rechts: Horvath nach Rabending, 1865/66,
verwendet für das Bild Elisabeths mit Franz Joseph

Gegenüber unten:
Obwohl das Reiten zu den wenigen Leidenschaften
gehörte, die Elisabeth und Franz Joseph verbanden, gibt
es keine „offiziellen" Photographien, die die beiden
gemeinsam zeigen, nicht einmal zu Pferd. Emil von
Hartitzsch sprang wie so oft hilfreich ein: Er nahm
eine Photographie des Kaisers von Ludwig Angerer
und arrangierte sie auf das Pferd, für die Kaiserin
montierte er sogar zwei Photographien von Rabending
(siehe S. 69 und gegenüber rechts oben).

Oben:
Im Jahr 1874 reiste die Kaiserin auf Einladung ihrer
Schwester Marie, Exkönigin von Neapel, zum ersten
Mal nach England. Ihr Ausritt im Hydepark erregte
beträchtliches Aufsehen. Wir sehen sie hier zur öster-
reichischen Gesandtschaft zurückkehren. (Gemälde von
Max Claude)

Gegenüber:
„Die Kaiserin verbirgt sich vor den Photographen", druckte man vorwurfsvoll unter diese Aufnahme. In den 70er Jahren ließ sich die Kaiserin auf keinen Fall mehr freiwillig photographieren, auch beim Reiten war der Fächer stets zur Hand. (Photographie von Baader)

Oben:

Der Hersteller dieser Korrespondenzkarte orientierte sich wahrscheinlich an der Photographie Angerers aus dem Jahr 1863 (siehe S. 74), versah die Kaiserin aber, modebedingt, mit einer Melone. Für Franz Joseph fand eine Photographie aus dem Ende der 70er Jahre Verwendung.

Unten:

In England und Irland war das Interesse der Öffentlichkeit an der schönen Kaiserin, die so eine hervorragende Reiterin war, groß. Die Sicht aber ist eine andere als in Österreich, wo stets das Liebliche in den Gesichtszügen Elisabeths betont und vielleicht sogar überzeichnet wurde. (Lithographie, um 1875)

H·I·H·THE·EMPRESS·OF·AUSTRIA·

DIE KÖNIGIN VON UNGARN

*Eine wunderschöne Elisabeth in einer Rolle, die sie
lange vorbereitet hatte: im perlenverschnürten
ungarischen Krönungskleid, das prachtvolle Haar
nach ungarischer Tradition geflochten. Aber selbst
hier wurde ein wenig „gemogelt". Die Krönungs-
photographien dürften schon ein Jahr vor der
Krönung entstanden sein!*

Gegenüber: Photographie von Emil Rabending, 1866.
Oben: Das offizielle Gemälde von Georg Raab, 1867, der
Rabendings Photographien als Vorlagen verwendete.

Links und gegenüber:
Die Bilder der Königin in der Krönungsrobe
entstanden vermutlich schon Ende 1866
und nicht erst zur Zeit der Krönung. Auf
der Rückseite eines der Photokartons, die
Rabending für die Krönungsserie verwendete, findet sich die Adresse jenes
Ateliers im „Hotel National" in der
Taborstraße, das der Photograph nur
bis zum Dezember 1866 innehatte.

Oben:
Karl von Kobierski malte diese zauberhafte
Miniatur, die sich in der Graphischen
Sammlung Albertina befindet. Die Vase
auf dem Tischchen im Atelier Rabending
ersetzte er durch ein Portrait Franz Josephs.

Oben:

Es gab offenbar keine „offizielle" Photographie des Königspaares. Deshalb wurden Einzelaufnahmen zusammengefügt. Die Photomontage entstand erst nach 1888. Die Aufnahme Franz Josephs stammt aus der Zeit um 1869. Der Photograph verwendete die alten Platten Rabendings. (Photomontage von Marx, Frankfurt/Main, nach Photographien von Emil Rabending, 1866 und 1869, siehe unten)

Emil Rabending (1823–1886) wurde in Erfurt geboren und begann als Maler in Frankfurt. 1856 eröffnete er ein Atelier in Wien und betrieb es – zeitweise – mit wechselnden Partnern. 1870 erhielt er den Titel „Hofphotograph". Rabending führte in Wien die vollständige Übermalung der Photographien (auf Salzpapier) und die Negativretouche ein. 1877 kehrte er nach Frankfurt zurück.

Oben:

Oben:
Dieser Ausschnitt aus einer Aufnahme der Krönungsserie diente Malern und Zeichnern, wie hier an einer
kleinen Auswahl zu sehen ist, häufig als Vorlage.
(Photographie von Emil Rabending, 1866)

Oben und rechts:
Das obere Bild betont den sakralen Charakter der
Krönung. Das andere zeigt die beiden Kronen, die
während des feierlichen Aktes verwendet wurden:
Die Krone des hl. Stephan (auf dem Tischchen vorne
zu sehen) durfte nur dem König aufs Haupt gesetzt
werden. Die Königin wurde mit einer Frauenkrone
gekrönt, mit der Stephanskrone – so wollte es das
traditionelle Zeremoniell – wurde lediglich ihre
Schulter berührt. Dahinter steht ein schöner
Gedanke: Die Königin sollte dem König helfen, die
Lasten der Regierung zu tragen. (Lithographien
nach Photographien von Emil Rabending, die ihrer-
seits als Photographien verbreitet wurden)

Unten:

Der Lithograph Adolph Dauthage erfüllte die Aufgabe,
den hohen Bedarf an Krönungsbildern rasch zu decken,
auf recht rationelle Weise: Auf ein und dieselbe Halb-
figur setzte er zwei verschiedene Köpfe. Die für die
österreichische Reichshälfte bestimmte Elisabeth
trägt ein Diadem, ihre ungarische Variante die bei
der Krönung verwendete „Frauenkrone".
(Lithographien von Adolph Dauthage)

Oben:

Retouchierte Photographie von Fritz Luckhardt (ganz
oben) nach einer Photographie von Emil Rabending,
1866, und Photographie einer Lithographie nach
demselben Motiv

Fritz Luckhardt (1843–1894), geboren in Kassel,
arbeitete erst in einer Seifensiederei, später in einer
Parfumeriewarenfabrik in Paris und seit 1865 als
Fremdsprachenkorrespondent bei dem Kunsthändler
und Verleger Oscar Kramer. Anfang 1867 übernahm er
Rabendings Atelier in der Taborstraße. Als Photograph
hatte er einen ausgezeichneten Ruf, von guter Retouche
verstand er wenig. Seine Spezialität war die „Photo-
radierung", die Bearbeitung der Negative mit der
Radiernadel. Luckhardt war Sekretär der Photographischen Gesellschaft in Wien.

Oben:

Das Kaiserpaar nimmt anläßlich der Millenniumsfeier Ungarns die Huldigung des Reichsrates im Großen Saal der Burg von Ofen am 8. Juni 1896 entgegen. Elisabeth und Franz Joseph hören die Festrede des Präsidenten Dezsö Szilágyi. Elisabeth trägt die ungarische Magnatentracht ganz in Schwarz. „Nur ihr Gesicht war weiß und unendlich traurig. ... Ihre langen Wimpern sind gesenkt, von ihren lebhaften, lieben Augen ist nichts zu sehen; sie sitzt dort still, fast gefühllos, als ob sie niemanden sehen, nichts hören würde. ... Keine Bewegung, kein Blick deutet ihr Interesse an." Szilágyi spricht über Elisabeth, sie bleibt unbewegt, aber bei der Nennung ihres Namens „braust auf einmal Jubel auf. Und was für ein Jubel! Als ob aus den Herzen ein Sturm der Gefühle hervorbrechen würde. ... Und das starre majestätische Haupt regt sich. Kaum merklich nickt es Dank. Es war eine zauberhafte Grazie darin. Und der Jubel wurde noch stärker und Minuten lang wollte er nicht verstummen – er ließ die Gewölbe erzittern. ... Die Königin

senkt ihr Haupt ... und ihr schneeweißes Gesicht beginnt sich auf einmal zu röten ... immer mehr und mehr. ... Ihre Augen haben sich weit geöffnet und es schimmerte aus ihnen der alte Glanz hervor. Aus den Augen, die einst so lächeln konnten, daß sie ein ganzes trauriges Land froh gestimmt haben, trat eine Träne. Aberhunderte sahen diesen teuren Tropfen. ... All das dauerte nur eine Minute. Die allerschönste Frau hob ihr spitzenbesetztes Taschentuch zum Auge und wischte die Träne weg. Der Jubel hörte auf, der Redner sprach weiter, und vom Gesicht der Königin verschwand allmählich die Röte. ... Nur eine Minute, und neben dem König saß wieder die in Trauer gehüllte Königin, die Mater dolorosa, bleich, still, gefühllos wie eine Statue, die an ein süßes Gesicht erinnert." Wer diese Zeilen des sonst so ironischen Spötters Kálmán Mikszáth liest, weiß, wie viel Elisabeth den Ungarn bedeutete. – Benczúr verwendete hier noch einmal seine Darstellung der Elisabeth, die er schon um 1870 gemalt hatte. (Heliogravure nach einem Gemälde von Gyula Benczúr)

DER KAISERIN ALTE KLEIDER

*Ein Kuriosum besonderer Art erlaubte sich der
Graphiker des gegenüberliegenden Bildes: Die beiden
Portraits der Kaiserin zeigen einen deutlichen
Altersunterschied, das Kleid aber ist dasselbe
geblieben – elf Jahre lang!*

Gegenüber: Lithographie von Adolph Dauthage, das
Gesicht Elisabeths nach einer Photographie von Emil
Rabending aus dem Jahr 1866, das Kleid nach
Franz Schrotzberg, 1855
Oben: Lithographie von Eduard Kaiser, 1856,
zurückgehend auf ein Gemälde von
Franz Schrotzberg, 1855

Unten:

Acht Jahre später: Elisabeth im selben Kleid aus dem Jahr 1857, nur der Kopf wurde dem Alter angepaßt. (Lithographie von Adolph Dauthage, 1865, Kopf nach Franz Xaver Winterhalter, 1864, siehe Oval unten rechts)

Ganz unten:

Ein Jahr danach gab es doch ein „neues Kleid" und eine dreireihige Perlenkette (Lithographie von Adolph Dauthage, 1866, Kopf wieder nach Franz Xaver Winterhalter, 1864)

Oben:

Elisabeth im „ungarischen Kleid"; charakteristisch sind die Spitzenschürze und das reichverschnürte Mieder. Es war ein kluger politischer Schachzug, daß Elisabeth schon beim ersten Empfang einer ungarischen Delegation nach der Hochzeit und bei ihrer ersten Reise nach Budapest gemeinsam mit Franz Joseph im Mai 1857 diese nationale Tracht trug. (Lithographie von Adolph Dauthage, 1857, Kopf nach Anton Einsle, 1854, siehe unten links)

Unger nach Schrotzberg, 1862   Angerer, 1863/64

Links:
Eine andere Variante derselben
Vorgangsweise: Franz Schrotzberg
malte 1862 die Kaiserin im weißen
Kleid mit schwarzer Spitzenmantille
und breiter türkisfarbener
Seidenschleife. Unger gestaltete
danach seine Lithographie
(siehe S. 18).
Als Dauthage zehn Jahre später ein
Bildnis der Kaiserin anfertigte,
verwendete er mangels neuerer
Vorlagen eine Photographie von
Angerer und zog Elisabeth das „alte"
Kleid, das Schrotzberg gemalt hatte,
an. (Kolorierte Lithographie von
Adolph Dauthage, 1873, nach einer
Photographie von Ludwig Angerer,
1863/64, und dem Gemälde von
Franz Schrotzberg, 1862, bzw. nach
der Farblithographie von William
Unger)

Angerer

K·u·K·HOF·FOTOGRAF

·WIEN·

IX. Waisenhausgasse 16.

„IM GESCHIRR"

*Im Geschirr wie ein Reitpferd, so definierte Elisabeth ihre Rolle, wenn sie
als Kaiserin zu repräsentieren hatte. Daher verweigerte sie sich
meist solchen Verpflichtungen oder zog sich frühzeitig,
z. B. Kopfschmerzen vorgebend, zurück.
Entsprechend gering ist die Anzahl authentischer Bilder, die sie „im
Geschirr" zeigen: etwa die Photographien der ungarischen Krönung,
später noch ein paar Schnappschüsse und die wenigen
Gemälde von Georg Raab.*

Gegenüber: Gemälde von Georg Raab, 1878, aus Anlaß der
Silbernen Hochzeit (1879) entstanden und in einer Photographie
von Ludwig Angerer wiedergegeben.
Oben: Kolorierte Photographie auf Salzpapier nach Gemälde
von Georg Raab, 1873

Oben:

Elisabeth trägt die sogenannte „Valeriefrisur", die
mit ihren gedrehten Haarflechten Ober- und
Hinterkopf betonte, für die man sehr viel Haar
brauchte und die von vielen Frauen mit Hilfe
falscher Haarteile kopiert wurde. (Photographie
von Franz Hanfstaengl nach einem Gemälde von
Georg Raab, um 1875)

Oben rechts:

Die einzige Würde, mit der sich Elisabeth
identifizierte, war die der Königin von Ungarn.
Die Nachfrage nach Bildern, die sie im
„ungarischen Kleid" zeigten, blieb ungebrochen.
Da keine aktuellen Aufnahmen zur Verfügung
standen, mußten die alten angepaßt werden. Der
(zurecht) unbekannte Lithograph verwendete
verschiedene Zutaten: Kleidung und Diadem von
den Krönungsbildern von Emil Rabending, das
Gesicht von der letzten Photographie Angerers
(siehe S. 73) und schlußendlich noch Stirnfransen.
(Druck nach Lithographie im Verlag Freytag &
Berndt, Wien)

Rechts:

Georg Raab war der letzte Maler, dem es
wenigstens gestattet war, in einem Vorzimmer zu
warten, bis die Kaiserin kam, und der sie sozusagen „im Vorübergehen" skizzieren durfte. So
entstand das Gemälde von 1873 (siehe S. 93).
Elisabeth trägt Stirnfransen, die damals modern
waren und auch eventuelle Falten auf der Stirn
verbargen. (Lithographie von Josef Kriehuber,
1874, nach Gemälde von Georg Raab, 1873)

Oben:

Viktor Tilgner, der bedeutendste Bildhauer der Ringstraßenzeit, war für seine barockisierenden Darstellungen bekannt. Sein Tod steigerte Franz Josephs Besorgnis um Elisabeth, hatte der Kaiser doch in der „Neuen Freien Presse" gelesen, daß Tilgner an den Folgen einer Abmagerungskur gestorben sei. – Die Büste steht im Kleinen Salon der Kaiserin in der Hofburg. Wirkt sie schon wenig portraitgetreu, so ist Elisabeth auf der Lithographie (oben links) kaum wiederzuerkennen. (Photographie der Büste Elisabeths von Viktor Tilgner, 1879, und Lithographie nach dieser Büste)

Oben:

Franz Joseph ist seinem Alter entsprechend, Elisabeth hingegen zu jung dargestellt. Der Lithograph orientierte sich an einem Gemälde von Georg Raab. Ein Beispiel von vielen, daß der Altersunterschied zwischen den beiden immer unrealistischer wiedergegeben wurde. (Photographie nach Lithographie, 1880)

Franz Joseph und Elisabeth verlassen nach einem
Besuch bei Kaiser Wilhelm I. das Badeschloß in Bad
Gastein (8. Juni 1886).
Unmittelbar nach ihrer Wallfahrt nach Mariazell traf
Elisabeth, auf dem Weg nach Feldafing, bei der
Durchreise in Gastein ein. Sie begleitete Franz Joseph
zu einem Treffen mit dem greisen deutschen Kaiser und
dem Fürsten Bismarck. Es fällt auf, daß die Kaiserin ihr
Gesicht nicht versteckte. Die Photographen waren so
weit abgedrängt, daß sie sich vor ihnen sicher fühlen
konnte. (Photographie von Max Balde, 1886)

Die Vergrößerung zeigt eine überraschend heitere
Elisabeth am Arm Franz Josephs, der dem deutschen
Gast zu Ehren die Uniform seines preußischen
Regiments trug.

Gegenüber:

Zur Tausendjahrfeier Ungarns zeigte sich die Kaiserin
nach langer Zeit wieder in der Öffentlichkeit. Sie
erschien in Schwarz und wie immer hinter Schleier
und Fächer.
Am 2. Mai fuhr sie mit Franz Joseph im offenen
Wagen zur Eröffnung der Millenniumsausstellung.
Das Kaiserpaar wurde photographiert, aber Elisabeth
ist kaum erkennbar. Das nach dieser Photographie
entstandene Gemälde läßt den Wagen am Budapester
Westbahnhof vorbeifahren und „zieht" der Kaiserin den
Schleier vom Gesicht. (Photographie, 1896, oben, und
Photographie nach einem mit „Koller" signierten
Gemälde, 1900, unten)

Oben:

Elisabeth und Franz Joseph bei der Eröffnung der
Millenniumsausstellung. Die Darstellung der Kaiserin
entspricht der Photographie Ludwig Angerers aus dem
Jahr 1863/64. Ganz in Schwarz, aber mit den damals
modischen Puffärmeln, wirkte sie auf Philipp zu
Eulenburg-Hertefeld (Erlebnisse an deutschen und
fremden Höfen, Leipzig 1934) „wie ein Tintenfleck auf
einem sehr schönen bunten Gemälde". Wie anders der
Ungar Kálmán Mikszáth urteilte, kann auf S. 87 nachge-
lesen werden. Eulenburgs Äußerung konnte sich Tamás
Katona im Jahr 1991 nur so erklären: „Eulenburg – ein
Homosexueller, der deshalb von der blühenden weib-
lichen Schönheit nicht viel und von einer welkenden
Schönheit im Trauergewand gar nichts gehalten hat."
(Bleistiftzeichnung von Arthur Lajos Halmi)

Oben:

Der Wagen mit Kaiser Franz Joseph und dem Zaren auf
der Ringstraße bei der Oper. (Photographie von Rudolf
Lechner, 1896)

Rechts:

Im August 1896 besuchte Zar Nikolaus II. mit seiner
Gemahlin Wien. Nach seiner Ankunft am 27. August
1896 wurde das hohe Paar zur Hofburg geleitet. Im Bild
passiert der Wagen der Kaiserinnen Alexandra und
Elisabeth die auf dem Schwarzenbergplatz errichtete
Ehrenpforte. (Photographie von Charles Scolik, 1896)

IM KREISE DER FAMILIE

*Es gab diese Bilder nicht, aber der Wunsch danach
war groß. Graphiker und Retoucheure taten ihr
Bestes, und mitunter sehen ihre Montagen echten
Photographien täuschend ähnlich. Immer wieder sind
es die guten alten Angerer-Bilder, die Elisabeth mit
ihren kleinen Kindern ebenso wie als Großmutter
im Alter von Mitte zwanzig zeigen. Am Ende sieht
Rudolfs Gemahlin Stephanie älter aus als
ihre Schwiegermutter.*

Gegenüber: Ausschnitt aus der einzigen Atelier-Aufnahme,
die Elisabeth im Familienkreis zeigt, 1859.
Oben: Das Kaiserpaar (Elisabeth nach Angerer, 1860),
Franz Josephs Eltern, seine Brüder und Schwägerinnen,
oben die Kinder Gisela und Rudolf.
Photographie einer Lithographie

Oben:
Elisabeth als junge Mutter: Sie hält den Kronprinzen im
Arm, davor steht die kleine Gisela. An der Wand hängt
ein Bildnis der verstorbenen Tochter Sophie. (Photo-
graphie einer Lithographie nach einem Aquarell von
Josef Kriehuber, 1858)

Oben:

„Die Allerhöchste Kaiserfamilie". Es ist dies die einzige
bisher bekannte Photographie, auf der Elisabeth
zusammen mit ihren Kindern zu sehen ist.
In der ersten Reihe von links: Elisabeth mit dem
Kronprinzen Rudolf auf dem Schoß, die Tochter Gisela,
die Schwiegereltern, Sophie und Franz Carl. Dahinter
stehend, von links: Franz Joseph, Ferdinand Max (der
spätere Kaiser von Mexiko), seine Gemahlin Charlotte,
Ludwig Viktor und Carl Ludwig. (Photographie von
Ludwig Angerer, 1859)

Oben links und rechts:

Elisabeth mit Gisela und Rudolf sowie Baronin Karoline von Welden, die Erzieherin der Kinder, in Venedig, 1862. Nach einjähriger Abwesenheit von Wien hatte die Kaiserin große Sehnsucht nach ihren Kindern. Damit sie jedoch nicht in die ungeliebte Residenz zurückkehren mußte, war vereinbart worden, daß die Kinder nach Venedig gebracht werden sollten. Der Künstler dokumentierte dieses Ereignis mit Hilfe verschiedener Vorlagen. Auf beiden Bildern ist der Kopf Elisabeths je einer Photographie von Ludwig Angerer aus dem Jahr 1860 entnommen, aber die Kleidung verändert. Rundherum typische Versatzstücke für eine venezianische Kulisse. (Photographien nach Tuschemalereien von Emil von Hartitzsch)

Links:

Die Kaiserin mit ihrer Tochter Gisela, ein weiteres Zitat der Aufnahme von Angerer aus dem Jahr 1860, siehe gegenüber. (Lithographie, 1861)

Oben:

Elisabeth mit Marie Valerie, um 1870. Marie Valerie, auch „die Einzige" genannt, war das Lieblingskind Elisabeths und doch hat sie sich auch mit ihr nicht photographieren lassen. Für dieses Bild wurde eine Aufnahme Alberts verwendet, die drei Jahre vor der Geburt Valeries entstanden war. (Lithographie nach einer Photographie von Josef Albert, 1865)

Oben:

Elisabeth im Familienkreis: Bilder wie diese sollten einen Eindruck vom Familienleben des Kaiserhauses in der Öffentlichkeit vermitteln, der den Tatsachen nur wenig entsprach. Gemeinsam sind ihnen die Vorlagen für die Darstellung Elisabeths; es sind die bekannten Bilder der Serie Angerers von 1860. (Photographien nach Tuschemalereien von Emil v. Hartitzsch)

Die Photographie Franz Josephs mit den Kindern hingegen ist „echt", stammt ebenfalls von Ludwig Angerer und ist eines von zahlreichen Bildern, die den Kaiser in seiner Vaterrolle zeigen (rechts unten).

Oben:

Bilder des Kaiserpaares, nach Photographien von Angerer zusammen-
montiert, und rechts unten ein Familienbild: Erzherzogin Sophie mit dem
Kronprinzen Rudolf, die Kaiserin, Gisela, dahinter Franz Joseph, links von
ihm sein jüngster Bruder Ludwig Viktor, rechts Ferdinand Max mit
Charlotte und im Hintergrund Carl Ludwig mit seiner zweiten Gemahlin
Maria Annunziata. (Photographien nach Tuschemalereien)

Links:

Das erste Enkelkind, 1875. Franz Joseph, Gisela mit
ihrer Tochter Elisabeth (geb. 1874) auf dem Schoß,
Marie Valerie und die Kaiserin. Dahinter stehen
Kronprinz Rudolf und Giselas Gemahl, Prinz Leopold
von Bayern. (Tuschemalerei, vermutlich von Emil von
Hartitzsch, Elisabeth nach Photographie von Ludwig
Angerer, 1863/64, siehe unten)

Unten:

Die Familie wächst. Von links, sitzend: Gisela mit ihrer
zweiten Tochter Auguste (geb. 1875) auf dem Schoß,
Franz Joseph, neben ihm Giselas ältere Tochter
Elisabeth (geb. 1874), Marie Valerie und die Kaiserin.
Dahinter stehen Kronprinz Rudolf und Leopold, der
Gemahl Giselas. – Georg Decker verwendete für die
Darstellung Elisabeths das Gemälde von Georg Raab
aus dem Jahr 1873. (Photographie nach einem Gemälde
von Georg Decker)

Oben:

Dieses Bild ist ein Kuriosum und ein Lehrstück zugleich: Die 36jährige Stephanie mußte es sich gefallen lassen, älter auszusehen als ihre 53jährige Schwiegermutter!

Der Darstellung Elisabeths liegt ein Gemälde von Georg Raab aus dem Jahre 1875 zugrunde. Ferner wurden verwendet: für die Kronprinzessin Stephanie und ihre Tochter Elisabeth eine Photographie von Othmar Türk, Wien 1890 (links unten), für Marie Valerie und Franz Salvator eine Aufnahme aus dem Photoatelier Adèle, Wien 1890 (links Mitte), und für Franz Joseph eine Photographie von Károly Koller, Budapest 1890 (links oben). (Lithographie nach einem Gemälde von Georg Raab, 1875, und Photographien, 1890)

AUF REISEN

*Sechs Jahre und nicht länger hielt Elisabeth das
Leben am Wiener Hof aus, und vierzig Jahre war sie
eine Reisende. Jedes Jahr besuchte sie die Familie in
München und am Starnberger See.
Mit zunehmendem Alter steigerte sich die Reiselust
zur Unrast. Franz Joseph erfuhr oft erst aus den
Zeitungen, wo sich Elisabeth aufhielt, und war
glücklich, wenn es ein paar gemeinsame
Wochen an der Riviera gab.*

Gegenüber: Die Kaiserin am Fenster des Ateliers
Albert in München. Photographie, 1865.
Oben: Elisabeth auf Madeira, 1861. Lithographie
von Adolph Dauthage, das Portrait nach einer
Photographie von Ludwig Angerer, 1860

Oben:

Diese Photographie ging in Wien von Hand zu Hand.
Erzherzogin Therese, der knapp 16jährigen Cousine Franz
Josephs, die sich recht kritisch über Elisabeth zu äußern
pflegte, verdanken wir folgende Identifikation: „Die Kaiserin
sitzt und spielt Mandoline [richtig: Macheta], Helene Taxis
ist vor ihr am Boden gekauert mit dem Pintsch im Arm.
Mathilde Windischgrätz steht mit dem Tubus in der Hand;
im Hintergrund steht Lily Hunyady, sie blickt alle sinnend
an. Sämmtliche Damen in Matrosenhemden und
Matrosenhüten." (Photographie aus Madeira, Abzug
von Ost & Neumann, Wien 1861)

Rechts:

Elisabeth auf Madeira im Kreis ihrer Hofdamen. Die
Kaiserin wendet dem Betrachter den Rücken zu, am
Klavier sitzt wahrscheinlich Mathilde Gräfin Windischgrätz,
und dahinter steht möglicherweise Prinzessin Helene
von Thurn und Taxis, nicht zu verwechseln mit Elisabeths
Schwester Helene, die 1858 einen Thurn-Taxis heiratete.
(Photographie aus Madeira, Abzug von Ludwig Angerer,
1861)

Links:

Elisabeth in Venedig. Sechs Monate nach der „Flucht" der Kaiserin sahen Franz Joseph und Elisabeth einander zum ersten Mal wieder, und zwar in Triest. Im Oktober 1861 kamen sie in Korfu überein, daß sich Elisabeth doch auf Monarchie-Gebiet begeben würde. Viel trug dazu die wachsende Sehnsucht nach den Kindern bei. Franz Joseph schrieb seiner Mutter: „Ich habe Sisi so wohl gefunden, daß ich mich entschlossen habe, sie für den Winter nach Venedig gehen zu lassen, wo sie doch näher und innerhalb der Monarchie ist, wo ich sie leichter und öfter besuchen und wo sie auch die Kinder sehen kann, nach denen sie sich natürlich sehr sehnt. ... Wie glücklich ich über die Möglichkeit bin, Sisi näher zu haben, können Sie sich wohl denken, liebe Mama." (Photographie von A. Sorgato, Venedig 1861/62)

Rechts:

Erzherzogin Gisela und Kronprinz Rudolf in Venedig. Von November 1861 bis Mai 1862 hielt sich die Kaiserin gemein-sam mit den Kindern in Venedig auf, wo auch Fanz Joseph seine Familie besuchte. Elisabeth ließ von sich und den Kindern Photographien anfertigen – aber in verschiedenen Ateliers! Die Kinderbilder entstanden im Atelier von Fritz und Julie Vogel, einem Frankfurter Paar, das sich vorübergehend in Venedig niedergelassen hatte. (Photographie von Fritz und Julie Vogel, Venedig 1861/62)

Den Sommer 1861 verbrachte Elisabeth auf Korfu, wo sie von ihrer Schwester Helene (links oben) besucht wurde. Damals ging es ihr gesundheitlich gar nicht gut. Der Husten hatte sich wieder eingestellt, in Wien befürchtete man ihren baldigen Tod, und es zeigten sich die ersten Symptome von Wassersucht, die ihr ein Jahr lang arg zu schaffen machen sollte. Elisabeths aufgedunsenes Gesicht ist nicht zu übersehen.

Elisabeth mit ihrer Schwester Helene und mit ihren Lieblingshunden, der Deutschen Dogge „Shadow" und dem jungen Irischen Wolfshund „Housegard". (Photographien von A. Colla, 1861, links oben und unten aus Privatbesitz)

Links:

Kissingen war ein Modebad. Dort begegneten einander Mitglieder europäischer Herrscherhäuser auf der Kurpromenade. Elisabeth begleitete gerne den blinden Herzog von Mecklenburg, und sie befaßte sich oft mit dem gelähmten, gesellschaftlich fernstehenden Engländer John Collett, der täglich im Rollwagen über die Promenade gefahren wurde. In der Villa „Mon Bijou" wohnte sie in ihrem letzten Lebensjahr. (Photographien, 1898)

Gegenüber:

Kaiserin Elisabeth in Bad Kissingen. Zwischen 1862 und 1865 kam die Kaiserin jedes Jahr nach Bad Kissingen. Schon die erste Kur brachte die Heilung von der Wassersucht. (Photographie aus dem Atelier Neubauer, Würzburg-Bad Kissingen, 1863)

Rechts:

Elisabeth mit ihrem Lieblingsbruder Carl Theodor in Bad Kissingen, 1863. (Photographie nach einer Lithographie von Emil von Hartitzsch, der zwei Photographien von Ludwig Angerer, 1860, verwendete)

Im März 1865 reiste Elisabeth nach München, wo sie
König Ludwig II. vom Bahnhof abholte.
Des Königs bevorzugter Hofphotograph war Josef
Albert. Ludwig führte seine Cousine in Alberts Atelier in
der Karlsstraße 10, in dem der Photograph bis Mitte des
Jahres 1865 seine Kunden empfing, bevor er sein Studio
in das repräsentative ehemalige Palais Pallavicini in der
Briennerstraße übersiedelte. In München entstand eine
ganze Serie von Photographien mit Elisabeth: im
Atelier, im Innenhof des Gebäudes, am Fenster, mit und
ohne Pudel. (Photographien von Josef Albert, 1865)

Oben:

Die Kaiserin ließ sich nicht nur im Atelier Albert,
sondern auch von Hermann Holz photographieren, bei
dem einige Familienbilder der Herzöge in Bayern
entstanden sind. (Photographie von Hermann Holz,
1865)

Oben:

Im November 1891 brachte die Yacht „Miramar" die Kaiserin von Korfu nach Ägypten, wo Elisabeth drei Wochen im „Shepard's Hotel" wohnte. Das Klima schien ihr bestens zu bekommen, denn sie unternahm trotz der Hitze anstrengende Gewaltmärsche, denen die Sicherheitsbeamten nicht gewachsen waren. „Die pedestrische Leistungsfähigkeit Ihrer Majestät ist eine so bewundernswürdige, daß die Geheimpolizei es für unerträglich erklärte, der allerhöchsten Frau anders als zu Wagen zu folgen", schrieb der österreichische Gesandte in Kairo nach Hause. – Elisabeth ließ auf ihren Reisen von Motiven, die ihr gefielen, Photographien kaufen und Reisealben anlegen. (Photographien, 1891)

Im Jahr 1869 hatte Franz Joseph seiner Frau die „Besteigung" der Cheops-Pyramide humorvoll beschrieben: „Nun begann die Ascension in ziemlich scharfem Tempo, indem je ein Beduine eine meiner Hände ergriff, während der dritte folgte, um bei den höheren zu ersteigenden Steinblöcken hinten nachzuschieben, was aber bei mir nur 5 bis 6 mal nothwendig war. Meine Übung im Bergsteigen kam mir sehr zu gute und es sind die Beduinen sehr geschickt, stark und sicher. Sie haben meist nur ein Hemd an, so daß man beim Steigen viel sieht, was der Grund sein soll, daß die Engländerinnen die Pyramiden so gerne und viel besteigen."
(Photographie aus den Reisealben der Kaiserin)

Links und oben:

Das Schloß Gödöllő, von Graf Anton Grassalkovich Mitte
des 18. Jahrhunderts erbaut, liegt 30 km östlich von
Budapest am Rande ausgedehnter Wälder. 1866 stieß
Elisabeth bei einem Spazierritt zufällig darauf und war
sofort begeistert. Franz Joseph aber mußte „in diesen
harten Zeiten" des Krieges gegen Preußen „ungeheuer
sparen", wie er seiner Frau schrieb, und konnte das
Schloß nicht kaufen. Und so schenkten es die
chevaleresken Ungarn dem Königspaar aus Anlaß
der Krönung im Jahr 1867. Drei Jahre lang wurde
umgebaut, Elisabeths Appartement direkt mit den
Pferdestallungen und der Reitschule verbunden. Das
Kaiserpaar, und vor allem Elisabeth, hielt sich sehr oft
in Gödöllő auf. Hier führte sie die unkonventionelle
Hofhaltung ihres Geschmackes, eine Art „Anti-
Schönbrunn", und hierher lud sie ihre bevorzugten
Jagdgäste, z. B. aus England, ein. (Möglicherweise
Photographien des Ateliers Kozmata & Co)

Gegenüber, rechts und unten:

Das Achilleion auf Korfu.
Elisabeth lernte Korfu anläßlich ihrer ersten längeren
Reise im Jahr 1861 kennen, kam aber erst 1876 wieder.
Sie wohnte 1885 und 1887 in der „Villa Braila",
träumte aber bald davon, sich ein Schloß nach ihrem
Geschmack erbauen zu lassen. Der gelehrte Griechen-
land-Cicerone der Kaiserin, Alexander von Warsberg,
wurde beauftragt, den Bau in Angriff zu nehmen.
Warsberg starb schon 1889, das „Achilleion", so
benannt nach Elisabeths Lieblingshelden, Achilles,
war 1891 vollendet. Die Kaiserin ließ antike Statuen
und ein Denkmal des von ihr verehrten Dichters
Heinrich Heine (rechts) im Park aufstellen.
Aber Elisabeth verlor sehr schnell wieder das Interesse
am Achilleion und wollte es verkaufen. Anfang 1898
wurde die Einrichtung in die Hermesvilla gebracht.
Nach Elisabeths Tod verwilderte das Gelände. 1907
erwarb Kaiser Wilhelm II. das gesamte Anwesen und
öffnete den Park für das Publikum. Nach dem Ersten
Weltkrieg ging es in den Besitz des griechischen Staates
über. (Photographien aus einem Album der Kaiserin)

Gegenüber:

Links oben:
Das Kaiserpaar und die Kaiserin-Witwe Eugénie
auf Cap Martin. Wenn schon ein Schnappschuß
gelang, der die Damen von hinten zeigt, ein Bild
von vorne konnte nur der Zeichner liefern. Die
Vorlage für das Portrait Elisabeths war – ebenso
wie bei Halmis Millenniumszeichnung (siehe
S. 99) – Angerers Photographie aus dem Jahr
1863/64. (Autotypie nach einer Zeichnung
von Arthur Lajos Halmi)

Rechts oben:
Das Kaiserpaar in Bad Kissingen. Diese Aufnahme
entstand während des letzten gemeinsamen
Aufenthaltes (25. April bis 5. Mai 1898) im
Luitpoldpark. Elisabeth ist wie immer mit
Schirm und Fächer „bewaffnet".
(Photographie von J. Kolb, 1898)

Oben:
Ein Bild, das Rätsel aufgibt: Das Kleid Elisabeths läßt
die Aufnahme in den Anfang der 90er Jahre datieren.
Aber wer ist der Mann vis à vis? Jedenfalls jemand, der
der Kaiserin vertraut war und sich die legere Haltung
erlauben konnte. Vielleicht einer ihrer griechischen
Vorleser? (Photographie in Privatbesitz)

Rechts:
Elisabeth hielt sich in den
Jahren 1894 bis 1897 im
Jänner und Februar auf Cap
Martin auf und besuchte jedes
Mal die Witwe Napoleons III.,
Eugénie. Diese äußerte sich
über Elisabeth: „Es war, als
ob man mit einem Gespenst
zusammen fuhr, denn ihr
Geist schien in einer anderen
Welt zu weilen. Selten sah sie,
was um sie herum vorging.
Auch bemerkte sie es kaum,
wenn sie von denen, die sie
erkannten, gegrüßt wurde.
Tat sie es, so erwiderte sie
den Gruß mit einem
eigenartigen Zurückwerfen
des Kopfes anstatt mit der
üblichen Verbeugung."
Überflüssig, zu vermerken,
daß die schlanke Gestalt links
Kaiserin Elisabeth ist.
(Photographie, 1895?)

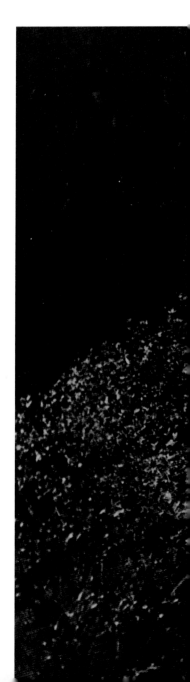

1898

Links:
Die Schiffsanlegestelle in Genf. (Photographie aus
den Reisealben der Kaiserin)

Links:
Einen Tag vor ihrem gewaltsamen Ende besuchte
Elisabeth die Baronin Julie von Rothschild in deren
Schloß in Territet. Das Anwesen war berühmt für seine
Glashäuser mit den seltensten Orchideen, die Gärten
und Stallungen. (Photographie aus den Reisealben der
Kaiserin)

Rechts:
Die letzte Aufnahme der Kaiserin vor ihrem Tod,
gemeinsam mit der ungarischen Hofdame, Gräfin Irma
Sztáray.
Elisabeth war gerne in der Schweiz – laut Marie Valerie
„das als Aufenthalt der Nihilisten und Sozialisten
verrufene Land" – und besonders in Genf, laut eigener
Aussage ihr „liebster Aufenthalt, weil ich da ganz
verloren gehe unter den Kosmopoliten".
(Schnappschuß eines unbekannten Photographen, Genf,
3. September 1898)

Oben:
Der Sarg der Kaiserin wird aus dem Hotel „Beau Rivage" getragen. (Aufnahme eines Genfer Photographen, 1898)

TOD UND UNSTERBLICHKEIT

„… jetzt kniet der alte Kaiser allein am Sarge seiner Gattin,
so einsam als es ein Mensch auf Erden nur sein kann …"
(Franz Karl Ginzkey)
Für die Bilderproduktion war Elisabeths Tod keine Zäsur.
Sie war und blieb die ewig junge Schönheit.

Gegenüber: Ein Erinnerungsblatt verbindet den Blick auf
Elisabeths geliebte „Odysseusinsel" bei Korfu mit den schönsten
Photographien der Kaiserin und zwei Portraits, die
Franz Schrotzberg von ihr gemalt hat.
Photomontage von Charles Scolik, 1898.
Oben: Lithographie, 1898, das Portrait der Kaiserin nach einer
Photographie von Ludwig Angerer, 1863/64

Gegenüber:

Das Sterbebild in einer liebevollen Ausführung: In den Unterlagekarton sind die Reichsinsignien, der Doppeladler und der Wahlspruch „Viribus unitis" eingeprägt.

Unten links und rechts

Für Sterbebildchen und Trauerpostkarten wurde meist die letzte Atelier-Photographie der Kaiserin (links oben) von Ludwig Angerer, 1868/69, verwendet. Für die Postkarte unten stand zusätzlich der Gemäldetypus von Georg Raab Pate.

Rechts:

Diese Erinnerungspostkarte zeigt die seitenverkehrte Version der von Carl Pietzner retouchierten Angerer-Photographie (siehe S. 136).

Oben und gegenüber:
Die zeitlose Schönheit der Kaiserin in der Photographie:
Pietzner verwandelte den arabischen Burnus, den
Elisabeth auf der 35 Jahre alten Photographie Angerers
trug, in ein elegantes Kleid. Das Gesicht blieb nahezu
unverändert. (Retouchierte Photographie von Carl
Pietzner, vor 1898, 1898 und nach 1898, nach einer
Photographie von Ludwig Angerer, 1863/64)

Links:
Aus dem Burnus machte Pietzner
für eine weitere retouchierte
Photographie einen Mantel mit
Pelzkragen. (Photographie von
Carl Pietzner, um 1898)

Carl Pietzner (1853–1927), geboren
in Wriezen an der Oder, arbeitete
in Berlin, St. Petersburg und
Moskau als Retoucheur und besaß
mehrere Ateliers, bis er schließlich
1891 oder 1892 eines in Wien
eröffnete. Er war nicht nur ein
Meister der Retouche, sondern
auch ein erfolgreicher
Unternehmer, der zeitweise über
300 Mitarbeiter beschäftigte. Die
Reliefphotographie war seine
Erfindung.

Gegenüber:
Der von Gustav Klimt bewunderte belgische Künstler
Fernand Khnopff fühlte sich von dem „Mythos
Elisabeth" angezogen. Symbolhaft erschien ihm die
verstorbene Kaiserin als ein sich zur Sonne erhebender
Sphinx. (Bleistiftzeichnung von Fernand Khnopff, 1899,
nach einer Photographie von Ludwig Angerer, 1863/64)

Oben:

Fast bis zur Unkenntlichkeit retouchierte ein
Budapester Photograph! Das Kleid ist eine Reminiszenz
an dasjenige, das Elisabeth zur Millenniumsfeier trug
(siehe S. 99). (Retouchierte Photographie von Strelisky,
1898, nach einer Photographie von Ludwig Angerer,
1863/64)

Rechts:

Viktor Angerer, der jüngere Bruder Ludwigs, vertrieb
im eigenen Kunstverlag, dem größten innerhalb der
Monarchie, die Bilder der Kaiserin, die sein Bruder aufgenommen hatte. (Ausschnitt aus einer Photographie
von Ludwig Angerer, 1863/64, siehe S. 64)

1837 1898

Ein neues Medium, der Film, bemächtigt sich der Kaiserin. Das Klischee bleibt dasselbe – die jugendlich aussehende Elisabeth auf dem Totenbett. (Szenephotographie aus dem 1920 gedrehten Film „Elisabeth von Österreich" mit Clara Nelson als Elisabeth und Hedda Berger als Gräfin Sztáray)

ANHANG

Peter Prokop

KAISERIN ELISABETH

Verzeichnis der in der Porträtsammlung vorhandenen

graphischen Blätter und Photographien

Für das vorliegende Buch wurde eine Auswahl aus dem in der Sammlung vorhandenen Bildmaterial getroffen, so weit nämlich die Bilder für das Thema „Wunschbilder oder Die Kunst der Retouche" ikonographisch von Belang waren. Deshalb finden sich darin z. B. keine Ereignisbilder, die jedoch in einem anderen Zusammenhang durchaus von Interesse sein können.

Das folgende Verzeichnis vereinigt das gesamte photographische und graphische Material, das in drei Katalogen der Sammlung – teils maschinschriftlich und teils gedruckt – erfaßt ist, und berücksichtigt Korrekturen, die in Zusammenhang mit diesem Buch durchgeführt werden konnten. So hoffen wir, damit einen nützlichen Behelf für alle Interessenten zu bieten. Es besteht die Möglichkeit, Schwarz-weiß-Photographien in einem gewünschten Format zu erwerben oder Großdiapositive zu entlehnen. Die beigefügten Signaturen sollen die Bestellmöglichkeit erleichtern. Adresse: Porträtsammlung und Bildarchiv der ÖNB, Josefsplatz 1, A-1015 Wien, Fax: (0049-1) 53410-331, Tel.: (0049-1) 53410-329

Abkürzungen

Pg = Graphische Blätter
Pf = Photographien
P = Signatur eines Positives
N = Signatur eines Negatives
U.a.= und andere (wird verwendet, wenn von einer Darstellung mehr als zwei Objekte vorhanden sind oder wenn eine Darstellung in mehreren Techniken vorliegt)

Die Datierungen wurden aus den vorhandenen Katalogen übernommen und stehen in runden Klammern. Ausnahmen: Auf Grund von Forschungsergebnissen korrigierte Daten stehen in eckigen Klammern

I. Einzeldarstellungen

1 Fast ganze Figur, stehend, halb links, Blumenstrauß in der linken Hand
Lithographie nach Zeichnung von Eduard Kaiser (1853)
P: Pg: (1); Pg: (1a). N: NB 511.435-B

2 Kniestück, stehend, halb links
Lithographie von Franz Sir (1853)
P: Pg:(2). N: NB 511.436-B

3 Kniestück, stehend, halb links, rechten Arm auf Postament gestützt
Lithographie, Druck und Verlag H. Gerhart, Wien
P: Pg:(3). N: NB 511.437-B

3a Darstellungsvariante, Schleier, Diadem, Hermelinmantel
Farbdruck von Druck und Verlag H. Gerhart, Wien
P: Pg 21 17/4 II (13). N: -

4 Kniestück, stehend, halb links, rechte Hand auf Postament mit Kissen, linke Hand Taschentuch
Lithographie Josef Kriehuber nach Gemälde von Richard Schwager
P: Pg:(4). N: NB 500.826-C

5 Kniestück, halb links; mit Rosenkranz am linken Arm
Lithographie von Franz Hanfstaengl (1853)
P: Pg: (5). N: KO 680-C

6 3/4 Figur, stehend, 3/4 rechts, linken Arm aufgestützt, in der rechten Hand kleine Rose
Lithographie, Druck und Verlag Carl Horegeschy
P: Pg: (6). N: NB 511.438-B

7 3/4 Figur, halb rechts
Stich von A.E. Glöggl
P: Pg: (7). N: NB 511.439-B

8 Kniestück, angestützt stehend, halb rechts
Lithographie von Vinzenz Katzler nach Zeichnung von Anton Ziegler
P: Pg: (8). N: NB 511.440-B

9 Kniestück sitzend, halb rechts; grobkariertes retouchiertes Kleid
Photographie von Alois Loecherer (um 1852/53)
P: Pg:(9c). N: E 22.267 - D

10 Kniestück sitzend, halb rechts; grob kariertes Kleid, Rose in der rechten Hand
Lithographie von Friedrich Hohe nach Photographie von Alois Loecherer um (1852/53)
P: Pg: (9a-b). N: KO 679-C

11 Brust, en face
Photographie nach Gemälde von Anton Einsle
P: Pf: E (3). N: L 24.660 - C

12 3/4 Figur stehend, etwas von links, in der linken eine weisse Rose
Photographie nach Gemälde von Anton Einsle
P: Pf : E (5,3); u.a. N: L 24.660-C; L 51.394-C

13 Kniestück stehend, 3/4 links
Photographie nach Lithographie von Adolf Dauthage
P: Pf : E (7,1). N: NB 520.119-B

14 Brust, fast en face
Farbreproduktion von L. Lebel nach Aquarell von Franz Schrotzberg
P: Pk 1424. N: NB 500.822-B

15 Ganze Figur stehend, fast Rechtsprofil; mit Taschentuch winkend, im Hintergrund der Starnbergersee
Photographie von Gustav Jägermayer nach Aquarell von Franz Dietrich (um 1868)
P: Pf :E (1,1). N: NB 518.458 - B

16 Brust, 3/4 links, als Braut
Gemälde von Franz Schrotzberg (1853/54)
P: - . N: 213.255-C

17 Brust, halb links; Brautbild
Photographie nach Lithographie von Eduard Kretzschmar
P: Pf : E (6). N: 118.083-B

18 Brust, halb links, in Oval
Gemälde von Friedrich Dürck
P: - . N: D 20.990-A(B)

19 Halbe Figur, 3/4 links, in jungen Jahren
Photographie nach Gemälde (?)
P: Pf:E (1,3). N: NB 511.043-B

20 Halbe Figur, 1/4 rechts, in ovalem Rahmen
Photographie nach Gemälde von A.C. Grobbe
P: Pf :E (5E). N: NB 511.324-B

21 Ganze Figur, stehend, 3/4 rechts, im Brautgewande, umgeben von Heiligen, über ihr Madonna mit Jesusknaben
Lithographie, Farbdruck von Franz Hanfstaengl nach Komposition von Andreas Müller „zum bleibenden Gedächtnis des 24.4.1854, Personenschlüssel
P: Pk 272,98; u.a. N: NB 511.488-B

22: Kniestück, stehend, halb rechts
Photographie nach Gemälde von Friedrich Dürck (1854)
P: Pf:E (4); Pf:E (5,1). N: 151.181-A(B)

23 Halbe Figur, Ausschnitt, halb rechts
Lithographie von J.G. Schreiner nach Gemälde von Friedrich Dürck
P: Pg III/3/77. N: NB 500.828-C

24 Brust, halb rechts
Galvanographie von Leo Schöninger nach Gemälde von Friedrich Dürck (1854)
P: Pg: (10); Pg 21 17/4 II(12). N: NB 500.825-B

25 Kniestück stehend, halb rechts
Seidenstickerei nach Galvanographie von Leo Schoeninger
P: Pg: (10a). N: -

26 3/4 Figur, sitzend, 3/4 rechts
Lithographie von Friedrich Krepp
P: Pg:(11). N: NB 511.441-B

27 Kniestück stehend, en face; schwarzes Kleid, Samtband um den Hals; im Hintergrund Possenhofen
Druck nach Lithographie von Kohler nach Photographie von Friedrich Hohbach
P: Pg: (12a); Pg: (12). N: NB 514.477 – C; NB 500.827 - C

28 Fast ganze Figur, stehend, halb links, Rechte auf ein Tischchen mit Blumenvase gestützt
Lithographie von Eduard Kaiser (1854)
P: Pg:(15); Pg:(13a)/Tonplatte. N: NB 511.442-B

29 Ganze Figur, stehend, 3/4 links, Blumenkranz in den Händen, Hintergrund Starnberger See

a) Lithographie von Eduard
Kaiser (1853/54)
P: Pg:(14). N: NB 504. 391-B;
u.a.

b) Photographie nach
Lithographie von Eduard
Kaiser (1853/54)
P: Pf:E (5,2). N: -

30 Selbstportrait E.s aus der Zeit
nach der Verlobung
Eigene Skizze von Elisabeth
(1854)
P: -. N: 152.190-B; (aus Corti:E.
S.32/33 (1.Aufl.))

31 Selbstportrait E.s; Ganzfigur
bei einem Schreibtisch sitzend
Eigene Skizze von Elisabeth
P: -. N: 152.206-B

32 Fast ganze Figur, 3/4 links,
rechte Hand auf Tischchen
gestützt
Lithographie von Eduard
Kaiser (1854)
P: Pg:(15). N: NB 505.176-B

33 Fast ganze Figur, stehend,
halb links, ungar. Kostüm
Lithographie von Franz Wolf
nach Gemälde von Richard
Schwager
P: Pg:(16). N: NB 505.068-B

34 E. im Hochzeitsjahr
Handkolorierte Lithographie
von Franz Wolf nach Gemälde
von Richard Schwager
P:-. N: D 46.859-A/B

35 Halbe Figur, halb links,
ung. Kostüm
Lithographie von Eduard
Kaiser
P: Pg:(17); u.a. N: -

36 Halbe Figur, halb rechts;
Schleier, Diadem, ungarische
Kleidung, ungarische Legende
Lithographie von Eduard
Kaiser (1854)
P: Pg: (17a). N: -

37 Fast ganze Figur, stehend, halb
links, Diadem und Hermelin
Lithographie von Rudolf
Hoffmann
P: Pg:(18). N: -

38 Kniestück stehend, halb
rechts, weißes Kleid mit ange-
steckter Rose, Hermelinmantel,
Diadem
Kolorierte Lithographie von
Rudolf Hoffmann (1854)
P: Pg: (18a). N: 300.231-B
(Ektachrom)

39 Fast ganze Figur, stehend, halb
rechts, Diadem und Hermelin,
Fächer in der Rechten
Lithographie von Rudolf
Hoffmann nach Gemälde von
Richard Schwager
P: Pg:(19). N: NB 511.443-B

40 Kniestück stehend, 3/4 links,
Perlenkette, Diadem,
Sternkreuzorden, Armband mit
dem Portrait Kaiser Franz
Josefs
Lithographie von Eduard
Kaiser (1855)
P: Pg: (20). N: NB 511.175 - B

41 Halbe Figur, halb links,
als junge Kaiserin
Farbdruck nach Gemälde in
Stift Göttweig in Oval
P: Pf : E (152). N: -

42 Avers: Halbe Figur, halb rechts;
als junge Kaiserin
Revers: Als Prinzessin
von Bayern
Farbdrucke nach Gemälden
P: Pf : E (153). N: -

43 Kniestück stehend, halb rechts;
Efeu im Haar, Rose in der
Hand
Lithographie von Albert
Dauthage (1856) nach
Gemälde von Karl von Haase
nach Gemälde von Franz
Schrotzberg (1855)
P: Pg: (21). N: NB 505.117 - B

44 Halbe Figur, halb rechts
Stich von Franz Stöber nach
Gemälde von Franz
Schrotzberg (1855); u.a.
Techniken
P: Pg III/3/102; u.a. N: NB
504.600-B; NB 500.824-C; u.a.

45 Hüftstück, halb rechts
Gemälde von Franz
Schrotzberg
P: -. N: 249.062-C

46 Halbe Figur, fast Rechtsprofil,
schwarzer Spitzenumhang,
breites Band
Photographie nach Gemälde
von Franz Schrotzberg
P: Pf : E (22,1); u.a. N: NB
508.873-B; NB 500.829-B

47 Hüftstück halb links,
Efeukranz im Haar, zweireihi-
ge Perlenkette
kolorierte Lithographie von
Eduard Kaiser (1856)
P: Pg III/3/80. N: 300.233 - A; E
6234 - C

48 Halbe Figur, halb links
Lithographie von Adolf
Dauthage (um 1856)
P: Pg:(21E). N: NB 520.637-B

49 Halbe Figur, fast Linksprofil
Photographie nachGemälde
von Otto v. Thoren (1857)
P: Pf :E (8). N: NB 504.890-B

50 Halbe Figur, halb rechts,
Diadem und Schleier
Stahlstich von August Weger
P: Pb 757.852-C, S. 83. N: NB
509.188-B

51 Kniestück stehend, 3/4 links,
Schleier und Diadem; deutsche
und ungarische Legende
Druck nach Lithographie von
Adolph Dauthage (1857)
P: Pg: (22). N: NB 511.444 - B

52 Kniestück stehend, halb rechts;
Hermelin
Lithographie von Eduard
Kaiser (1858)
P: Pg: (23). N: NB 506.093 - B

53 Hüftstück, halb rechts, Kopf en
face; schwarzes Kleid, Rose in
der Hand
Lithographie von Adolph
Dauthage nach Gemälde von
Anton Einsle
P: Pg: (23e). N: NB 511.176 - B

54 Halbe Figur, halb links, geildet
aus Text einer Geschichte
Österreichs zum
Regierungsantritt von Maria
Theresia
Stich von A. Mossauer
P: Pg:(24). N: NB 531.451-B

55 Halbe Figur, sitzend, halb
rechts
a) Stich von Josef Axmann
nach Gemälde von Richard
Schwager
P: Pg:(25). N: NB 511.445-B

b) Kolorierter Stich von Josef
Axmann nach Gemälde von
Richard Schwager
P: Pg:(25a). N: -

56 Fast halbe Figur, sitzend, 3/4
links
Lithographie von Josef Bauer
nach Gemälde von Franz Russ
P: Pg:(26). N: NB 511.446-B

57 Halbe Figur, sitzend, halb
rechts, Hintergrund Wien mit
Strahlengloriole
Stahlstich von Karl Meyer nach
Zeichnung von Adolf Theer
P: Pg:(27). N: NB 513.507-B

58 Halbe Figur, sitzend, halb
rechts
Stahlstich von Karl Meyer
P: Pg:(28). N: NB 511.447-B

59 Ganze Figur, stehend, halb
rechts, Kronendiadem und
Hermelinmantel
Galvanographie von Leo
Schoeninger nach Gemälde
von Phillip v. Foltz
P: Pg III/3/98. N: NB 511.483-B

60 Kniestück, stehend, halb links,
Hermelinmantel, Diadem
Lithographie von Franz Wolf
nach Gemälde von Richard
Schwager
P: Pg:(30); Pg:(31). N: NB
511.449-B

61 Halbe Figur, halb rechts,
Hermelinmantel um den
Ellenbogen gerafft
Stich
P: Pg: (33). N: NB 511.450-B

62 Halbe Figur, halb rechts
Farbig auf Seide, kaschiert auf
Glanzpapier mit gepresster
Goldrahmung
P: Pg: (34). N: -

63 Halbe Figur, halb rechts,
Diadem
Aquarell mit Deckfarben
P: Pg: (35). N: NB 511.451-B

64 Brust, fast Linksprofil; mit
Zylinder, englische
Legende:H.I.H. The Empress
of Austria.
Lithographie
P: Pg: (35E). N: NB 527.259-B

65 Ganze Figur stehend, leicht
rechts
Photographie von Hermann
Holz (1860)
P: Pf : E (9). N: NB 511.045 - B

66 Halbe Figur, halb links;
schwarzes Kleid, weißer
Spitzenkragen, Perlenkette
Photographie (um 1860)
P: Pf:E (15,3); Pf : E (15,1). N:
NB 517.142 – B; NB 511.046-B

67 Ganze Figur stehend, halb
rechts; weißes Kleid, aufge-
schlagenes Buch in Händen
Photographie von Ludwig
Angerer (1860)
P: Pf :E (26);
u.a. N: NB 509.044 - B

68 Ganze Figur stehend, 3/4
rechts, weißes Kleid
Photographie von Ludwig
Angerer (1860)
P: Pf : E (27a,1). N: 152.216 -B

69 Ganze Figur stehend, seitlich
links; Kopf fast links Profil; mit
Album
Photographie von Ludwig
Angerer (1860)
P: Pf :E (27a,3);
u.a. N: NB 517.939 - B

70 Ganze Figur stehend, halb
links, Buch in Händen
Photographie von Ludwig
Angerer (1860)
P: Pf : E (27,2); u.a. N:-

71 Hüftstück stehend, halb rechts;
u. Ausschnitt
Photographie von Viktor
Angerer
P: Pf : E (27,4); Pf : E (27,6). N:-

72 Ganze Figur, sitzend halb
rechts, mit Buch in Händen
Photographie von Ludwig
Angerer (1860)
P: Pf : E (29,1). N: -

73 Ganze Figur sitzend, halb
rechts, Buch in Händen
Photographie von Ludwig
Angerer (1860)
P: Pf : E (29,2). N: 152.215 - B

74 Ganze Figur, stehend, halb
links, Buch in den Händen
Postkarte nach Photographie
von Ludwig Angerer (1860);
u.a. Techniken
P: Pf : E (30,2); Pf: E (30,1). N:
NB 517.937-B

75 Kniestück stehend, halb rechts;
ungarische Magnatentracht
Photomontage nach
Photographie von Ludwig
Angerer (1860)
P: Pf : E (36). N: NB 511.529 - B

76 Ganze Figur stehend, 3/4
rechts
Photographie von Ludwig
Angerer (1861)
P: Pf : E (28,1); u.a. N: NB
511.526-B

77 Ganze Figur stehend, 3/4
Linksprofil; Hut mit Federn
Photgraphie nach Aquarell
verm. von Emil von Hartitzsch
nach Photographie von Ludwig
Angerer
P: Pf :E (31,1); Pf: E (31,2). N:
NB 511.327 - B

78 Halbe Figur, halb rechts
Druck nach Photographie
P: Pf : E (15,2). N: NB 523.472-B

79 Ganze Figur stehend, 3/4
rechts
Photographie nach Gemälde
von Soyni
P: Pf : E (24). N: NB 505.406-B;
NB 500.830-C

80 Halbe Figur, halb rechts
Photographie nach Gemälde in
ovalem Rahmen von Eduard
Engerth
P: Pf : E (25). N: NB 505.227-B

81 Ganze Figur, halb rechts, auf
Madeira
Photographie von C. Kroh nach
Lithographie von Adolf
Dauthage nach Vorlage von
Josef Selleny

P: Pf : E (32); Pf : E (32a).
N: NB 536.544-B; KO 686-B/C

82 Hüftstück, halb links, auf
Madeira
Xylographie von Eduard
Hallberger nach Lithographie
von Adolf Dauthage
P: Pf : E (33); Pf : E (34). N: NB
511.328-B

83 Ganze Figur, halb rechts, auf
Madeira
Lithographie von Adolph
Dauthage nach Photographie
von Ludwig Angerer (1860)
P: Pg: (36E);
u.a. N: NB 506.110 - B

84 Fast ganze Figur stehend,
Hände vor sich ineinanderge-
legt
Lithographie von Josef
Kriehuber (1861) nach
Photographie von Ludwig
Angerer (1860)
P: Pg: (36). N:-

85 Ganze Figur stehend, halb-
rechts; schwarzes Kleid, in
Venedig
Photographie von A. Sorgato
P: Pf : E (31,5);
u.a.. N: KO 672 -B/C

86 Kniestück, stehend,
Linksprofil, Hut
Handkolorierte Lithographie
von Eduard Kaiser im Stein
sign. und dat. (1862)
P: Pg: (36 E 1). N: D 46.389-A/B

87 Hüftstück stehend, halb rechts
über die rechte Schulter
Photographie nach Aquarell
P: Pf : E (40,2). N: NB 503.387-B

88 Halbe Figur, halb links
Photographie nach Druck
P: Pf : E (75). N: 100.495-A/B

89 Mit ihren Lieblingshunden
Photographie von A.Colla (um
1862)
P: -. N: 152.188-A/B

90 Ganze Figur stehend,
Rechtsprofil; Hut mit Schleier
Photographie von Ludwig
Angerer (1862)
P: Pf :E (65,1). N: NB 517.940 -
B; KO 674-C

91 Ganze Figur stehend, fast
Rücken, Blick über die rechte
Schulter, Hut mit Schleier

Photographie von Ludwig
Angerer (1862)
P: Pf : E (65,2). N: 152.191-B

92 Ganze Figur, Halb rechts; Hut
mit Schleier
Photographie von Ludwig
Angerer (1862)
P: Pf : E (65,3). N:
NB 511.085 - B

93 Kniestück stehend, halb links
Photographie nach Aquarell
nach Lithographie von Josef
Kriehuber (1863)
P: Pf: E (19); Pf : E (20). N: NB
520.633-B

93a Seitenverkehrte Darstellung
nach Kriehubers Aquarell
Druck nach Lithographie von
Josef Kriehuber (1863)
P: Pg 21 17/4 II (6). N: -

94 Ganze Figur sitzend, halb
links;
Photographie von Neubauer
(1863)
P: Pf: E (12,1). N: NB 518.334 -
B

95 Ganze Figur, stehend,
Rechtsprofil über die rechte
Schulter
a) Photographie von Ludwig
Angerer (1863)
P: Pf : E (57,2). N: NB 512.210-B

b) kolorierte Photographie von
Ludwig Angerer (1863)
P: Pf: E (57,3). N: -

96 Fast Rechtsprofil, 3/4 rechts
Photographie von Ludwig
Angerer (1863)
P: Pf : E (58); Pf: E (57,1). N: NB
500.836-C

97 Ganze Figur, stehend, 3/4
rechts; u. Ausschnitte
Photographie von Ludwig
Angerer (1863)
P: Pf : E (57,1); u.a. N: NB
500.836-C

98 Brust, 3/4 links
Photographie von Ludwig
Angerer [1865]
P: Pf : E (69,1). N:
NB 504.281 - B

99 Kniestück, stehend, halb links
Lithographie von Vinzenz
Katzler (1863) nach
Photographie von Angerer; u.a.
Techniken
P: Pg: (37); u.a. N: NB 511.452-
B; u.a.

100 Fast ganze Figur, stehend, halb
links
Lithographie von Josef
Kriehuber (1863)
P: Pg III/3/100E. N: NB
510.038-B

101 Ganze Figur stehend, halb
links
Photographie nach Gemälde
von Leander Russ (1863)
P: Pf : E (37). N: -

102 Brustbild, halb rechts
Xylographie (1863)
P: Pg: (38). N: NB 511.177-B

103 Fast Hüftstück, fast en face
Stahlstich von George Edward
Perine
P: Pg: (38E). N: NB 520.639-B

104 3/4 Figur, stehend, halb rechts,
gelöstes Haar
Photographie nach Gemälde
von Franz Xaver Winterthaler
(1864)
P: Pg: (39); Pg: (39a). N: NB
500.842-C; u.a.

105 Halbe Figur, links, Blick über
die Schulter; weißes Kleid,
Diamantsterne im Haar
Photographie von Ludwig
Angerer nach Skizze von Franz
Xaver Winterhalter (1865)
P: Pg: (39E). N: NB 512. 466 –
B; NB 500.834 - C

106 Fast ganze Figur, stehend,
Rechtsprofil, weisses Kleid mit
gelöstem Haar
Photographie nach Gemälde
von Franz Xaver Winterhalter
P: Pg: (52). N: NB 502.333-A

107 Hüftstück, halb links
Photographie nach
Lithographie von Emile
Desmaison (1864)
P: Pf : E (7,2). N: NB 511.325 - B

108 Halbe Figur halb links; offenes,
vor der Brust verschlungenes
Haar
Photographie von G.
Schmidbauer nach Gemälde
von Franz Xaver Winterhalter
(1864)
P: Pf: E (37E). N:
NB 511.048 - B

109 Ganze Figur stehend, 3/4
rechts; bebänderte Bluse
Photographie von Ludwig
Angerer (1864)
P: Pf :E (63,2); Pf: E (63,3).
N:NB 522.335 – B;
NB 517.936 - B

110 Ganze Figur, stehend, 3/4
rechts, bebänderte Bluse
Photographie von Angerer
(1864)
P: Pf : E (63,4); u.a. N: NB
521.125-B

111 Ganze Figur stehend, Kopf
leicht links geneigt, bebänderte
Bluse
Photographie von Ludwig
Angerer (1864)
P: Pf : E (63,5). N:
NB 511.084 - B

112 Kniestück stehend, 3/4 rechts;
bebänderte Bluse
Photographie von Ludwig
Angerer (1864)
P: Pf :E (63,6); u.a. N: NB
522.336 - B

113 Ganze Figur stehend, 3/4 links;
Schweizer Bluse, Berner
Gürtel, schwarzer Pudel
Photographie von Ludwig
Angerer (1864)
P: Pf : E (64). N: NB 509.485 - B

114 Ganze Figur, sitzend 3/4
rechts, Hut; mit „Housegard"
Photographie (1864)
P: Pf : E (54,1); u.a. N: NB
511.334-B; NB 511.422-B

115 Ganze Figur sitzend, 3/4
rechts; weite Jacke, Hut mit
weißen Federn, mit
„Housegard"
Photographie von Ludwig
Angerer (1864)
P: Pf : E (54,1a); u.a. N: NB
550.873 - B

116 Ganze Figur stehend, halb
links, über die linke Schulter,
mit Sternen im aufgelösten
Haar
Photographie von Ludwig
Angerer nach Skizze von Franz
Xaver Winterhalter (1865); u.a.
Techniken
P: Pg: (39 E 1); u.a. N: NB
502.891-B; u.a.

117 Ganze Figur stehend, seitlich,
halb links über die Schulter
blickend, Diamantsterne im
Haar
Farbdruck von Nedomansky
nach aquarellierten
Kupferstich nach Gemälde von
Franz Xaver Winterhalter; u.a.
Techniken
P: Pf : E (39); u.a. N: -

118 Hüftstück, halb links;
Blattschmuck im Haar, dreirei-
hige Perlenkette
Druck nach Lithographie von
Adolph Dauthage
P: Pk 3003, 1177. N: -

119 Halbe Figur, halb links;
schwarzer Spitzenumhang,
meergrünes Band
kolorierte Lithographie von
W. Unger nach Gemälde von
Franz Schrotzberg
P: Pg 21 17/4 II (2). N: -

120 Fast halbe Figur, fast
Linksprofil; Diadem, roter
Samtmantel mit
Hermelinbesatz
Farbdruck nach
Chromolithographie von
Eduard Kaiser
P: Pg III/3/76. N: NB 511.485-B

121 Kniestück stehend, 3/4 links;
Schleier und Diadem; deutsche
und ungarische Legende
Druck von Verlag F. Paterno,
Wien nach Lithographie von
Adolph Dauthage (um 1866)
P: Pg:(40). N: NB 511.453- B

122 Kniestück stehend, halb links;
Schleier, Diadem, Fächer,
Perlenkette; ungarische
Legende
Lithographie von Adolph
Dauthage
P: Pg III/3/79. N:
NB 511.487 - B

123 Ganze Figur stehend;
Rechtsprofil von rückwärts;
Hut mit weißen Federn
Photographie von Hermann
Holz (1865)
P: Pf : E (65,4). N:
NB 511.086 - B

124 Halbe Figur, 3/4 rechts,
lächelnd
Photographie von Josef Albert
(um 1865) im Verlag Oskar
Kramer
P: Pf : E (13,1). N: NB 512.209 –
B; NB 530.871 - B

125 Hüftstück, am Fenster stehend,
halb rechts
Photographie von Josef Albert
(um 1865)
P: Pf : E (13,2). N: NB 511.047 –
B; KO 688 - C

126 Ganze Figur, stehend, halb
rechts
Photographie von Josef Albert
(um 1865)
P:-. N: 152.207-A/B

127 Brust, 3/4 links
Photographie von Joseph
Albert (um 1865)
P: Pf : E (13,3); Pf : E (13,4).
N: -

128 Brust, 3/4 links
Photographie von Josef Albert
(um 1865)
P: Pf : E (13,4). N:-

129 Hüftstück stehend, en face; am
Fenster, mit schwarzem Pudel
Photographie von Josef Albert
(um 1865)
P: Pf : E (14); u.a.. N: NB
509.481 - B

130 Halbe Figur, 3/4 rechts,
schwarzer Spitzenumhang
Photographie von Joseph
Albert (1864/65)
P: Pf: E (38). N: NB 536.545 - B

131 Halbe Figur, halb links,
Diadem mit Schleier,
Hermelin, Perlenkette
Lithographie von Wenzel nach
Photographie von Angerer; u.a.
Techniken
P: Pg III/3/92; u. a. N: NB
511.486-B; D 37.621-A/B

132 Kniestück stehend, 3/4 links,
ungar. Kostüm
Photographie nach Gemälde
von Franz Russ
P: Pf : E (41,1); Pf : E(41,2). N:
NB 511.331-B; NB 533.742-B

133 Ganze Figur stehend, halb
rechts, dunkler Samtmantel,
Hut; mit Irischen Wolfshund
„Housegard"
Photographie von Emil
Rabending [1865/66]
P: Pf : E (51,1); Pf: E (51,4). N:
NB 500.846-B

134 Ganze Figur stehend, fast
Rechtsprofil; dunkler
Samtmantel, Hut, mit Irischen
Wolfshund „Housegard"
Photographie von Emil
Rabending [1865/66]
P: Pf :E (51,2); Pf: E (51,2a). N:
NB 152.193 - B

135 Ganze Figur stehend, halb
rechts; dunkler Samtmantel,
Hut, mit Irischen Wolfshund
„Housegard" Photographie von
Emil Rabending [1865/66]
P: Pf : E (51,3). N:
NB 512.668 - B

136 Ganze Figur sitzend, halb
rechts; mit Hund „Housegard"
Photographie von Emil
Rabending; Abzug Giovanni
Horvath [1865/66]
P :Pf: E (59,1); Pf: E (59,2). N:
NB 512.465 – B; KO 685 -C

137 Ganze Figur sitzend, leicht
links; weiße Spitzenschleife;
mit „Housegard"
Photographie von Emil
Rabending [1865/66]
P: Pf : E (59,3); Pf: E (60,1). N: -

138 Ganze Figur stehend, halb
rechts; mit „Housegard"
Photographie von Emil
Rabending ;Abzug von G.
Horvath [1865/66]
P: Pf:E (60,2). N: NB 500.845 - C

139 Halbe Figur, halb rechts; weiße
Spitzenschleife
Photographie von Emil
Rabending; Abzug von G.
Horvath [1865/66]
P: Pf : E (61,1). N:-

140 Kniestück stehend, halb rechts;
weiße Spitzenschleife
Photographie von Emil
Rabending [1865/66]
P: Pf : E (61,2). N: -

141 Kniestück sitzend, halb rechts;
weiße Spitzenschleife
Photographie von Emil
Rabending [1865/66]
P: Pf : E (61,3); Pf: E (59). N: NB
511.083 - B

142 Kniestück, sitzend, halb rechts;
weiße Spitzenschleife
Photographie von Emil
Rabending [1865/66]
P: Pf : E (61,3); u.a. N: NB
511.083-B

143 Kniestück stehend, halb rechts;
weiße Spitzenschleife, Brille in
der rechten Hand
Photographie von Emil
Rabending; Abzug von G.
Horvath [1865/66]
P: Pf : E (61,5). N: KO 687- C

144 Halbe Figur, halb links; weiße
Spitzenschleife
Photographie von Emil
Rabending [1865/66]
P: Pf :E (62,1). N:
NB 504.217 - B

145 Hüftstück stehend, halb rechts;
weiße Spitzenschleife
Stahlstich von August Weger
nach Photographie von Emil
Rabending [1865/66]
P: Pg: (50E). N: NB 526.868 - B

146 Brust, halbrechts
Retouchierte Photographie von
Auguste Wimmer (1866) nach
Photographie von Emil
Rabending [1865/66]
P: Pf :E (62,2). N:
NB 509.484 - B

147 Halbe Figur, halb links,
schwarze Jacke,
Rosensträußchen
Photographie von Horvath ?
nach Photographie von Emil
Rabending [1865/66]
P: Pf: E (70,3). N:
NB 511.420 - B

148 Hüftstück stehend, 3/4 rechts;
Pelzkragen, dunkler Hut
Photographie von Emil
Rabending [1865/66]
P: Pf: E (55,1); u.a.. N: NB
535.025 – B; NB 511.424- B

149 Hüftstück, fast Rechtsprofil,
Pelzkragen, dunkler Hut; in
geprägtem Oval
Photographie von Emil
Rabending [1865/1866]
P: Pf :E (55,4); u.a. N:-

150 Kniestück, stehend, mit
Housegard
Photographie von Emil
Rabending (1865/66)
P: Pf : E (51,5). N: NB 511.081-B

151 Ganze Figur, sitzend, halb
rechts, mit Hund „Housegard"
Photographie von Giovanni
Horvath nach Photographie
von Emil Rabending (1865/66)
P: Pf : E (59,1); u.a. N: NB
512.465-B; KO 685-C

152 Kniestück stehend, 3/4 links;
Pelzkragen, Hut
Photographie von Giovanni
Horvath nach Photographie
von Emil Rabending (1865/66)
P: Pf : E (55,5); u.a. N: NB
511.424-B
198

153 Brust, halb links
Xylographie nach Photographie
von Emil Rabending
P: Pf : E (49,1); Pf : E (49,2).
N: NB 511.424-B; NB 519.429-B

154 Halbe Figur, halb rechts;
ungar. Krönungsgewand
Photographie von Angerer
nach Gemälde von Georg Raab
P: Pf : E (43,1); u.a. N: NB
511.332-B

155 Ganze Figur, stehend, halb
links, Krönungsrobe
Photographie nach Gemälde
von Wilhelm Helfer
P: Pf : E (45E). N: NB 509.483-B

156 Brust, halb rechts,
Königskrönung Budapest
Photographie von Czihak
P: Pf : E (50,3). N: -

157 Halbe Figur, halb links, ungar.
Krönungskostüm, ungar.
Legende
Lithographie von Josef
Marastoni (1866) nach
Photographie von Emil
Rabending (1866)
P: Pg: (41). N: NB 511.454-B

158 Ganze Figur stehend, fast
Rechtsprofil; Krönungsrobe
Photographie von Emil
Rabending (1866)
P: Pf: E (44a); u.a. N: NB
508.812 - B

159 Fast ganze Figur, stehend, fast
Rechtsprofil, Krönungsrobe
Photographie von Emil
Rabending (1866)
P: Pf : E (44,2); u.a. N: NB
514.184-B

160 Ganze Figur stehend, fast
Rechtsprofil; Krönungsrobe
Photographie von Emil
Rabending (1866)
P: Pf:E (44,3); u.a.. N: NB
511.080 - B

161 Ganze Figur stehend, fast
Rechtsprofil; Krönungsrobe
kolorierte Photographie von
Emil Rabending (1866)
P: Pb * 678/2. N: -

162 Ganze Figur, stehend, fast
Rechtsprofil, Schleppe
Photographie von Emil
Rabending (1866)
P: Pf: E (45,1). N:-

163 Ganze Figur stehend, fast
Rechtsprofil, Kopf zur Schulter
geneigt; Krönungsrobe
Photographie von Emil
Rabending (1866)
P: Pf: E (45,4); Pf: E (45,2). N:
NB 511.107 - B

164 Fast ganze Figur, halb rechts,
Krönungsrobe
Photographie von Emil
Rabending (1866)
P: Pf : E (46,1); u.a. N: NB
530.872 - B

165 Ganze Figur stehend, halb
rechts; Krönungsrobe
Photographie von Emil
Rabending (1866)
P: Pf: E (46,5); Pf: E (46,4). N: -

166 Kniestück, stehend, halb
rechts; Krönungsrobe
Photographie von Emil
Rabending (1866)
P: Pf: E (46,6). N: -

167 Halbe Figur, halb rechts;
Krönungsrobe
Photographie von Emil
Rabending (1866)
P: Pf: E (46,7). N: KO 670 - C

168 Hüftstück, fast Rechtsprofil;
Krönungsrobe
Photographie von Emil
Rabending (1866)
P: Pf:E (47,4); u.a. N: NB
527.235 – B; u.a.

169 Brust, halb rechts, Diadem,
Schleier
Photographie von Fritz
Luckhart nach Emil Rabending
(1866)
P: Pf: E (50,2).
N: NB 511.418 - B

170 Ganze Figur stehend, halb
links, Krönungsrobe, mit
Gebetbuch, im Hintergrund
Altar
Retouchierte Photographie von
Fritz Luckhardt nach Emil
Rabending (1866)
P: Pf:E (48,1). N: NB 505.224 - B

171 Ganze Figur stehend, leicht
rechts, Krönungsrobe, auf
einem Tisch rechts Krone und
Reichsinsignien
Retouchierte Photographie von
Fritz Luckhardt nach Emil
Rabending (1866)
P: Pf: E (48,4); Pf: E (48,2). N:
NB 505.225 - B

172 Bruststück, leicht rechts, Krone
Photographie von Fritz
Luckhardt nach Emil
Rabending nach Lithographie
P: Pf: E (48,5). N:
NB 505.225 - B

173 Halbe Figur, halb links,
Krönungskostüm
Lithographie von Piloty &
Loehle nach Photographie von
Joseph Albert
P: Pg: (42). N: NB 500.832-C

174 3/4 Figur stehend, halb rechts
Xylographie nach Zeichnung
von Ferdinand Weiss
P: Pg: (43). N: NB 505.177-B

175:Halbe Figur, Rechtsprofil,
ungar. Krönungskostüm
Lithographie von E.Schniebs
P: Pg: (44). N: NB 520.638-B

176 Portrait mit Krone
Xylographie
P: Pf: E (49,1). N: NB 514.184-B

177 Fast halbe Figur, halb links,
ung, Kostüm
Lithographie von Adolf
Dauthage, Druck von Verlag
Paterno
P: Pg III/3/86. N: NB 511.484-B

177a Darstellungsvariante, die un-
garische Krone wurde hier
durch das Diadem
(Krönungsfotos) ersetzt
Lithographie von Adolph
Dauthage, Druck von Verlag
Paterno
P: Pg III/3/83. N:
NB 511.482 - B

178 Brust, halb rechts, Schleier,
Diadem
Lithographie von Adolph
Dauthage, Druck von Verlag
Paterno
P: Pg 21 17/4 II (8). N: -

179 Halbe Figur, halb rechts;
Krönungsrobe
Lithographie nach dem
Gemälde von Hugo Wilde
P: Pg III/3/96. N: -

180 Kopf, halb links
Lithographie, Druck und
Verlag W. Hermes
P: Pg: (45). N: NB 511.455-B

181 Brust, halb links
Xylographie
P: Pg: (46). N: NB 511.456-B

182 Brust, halb rechts,
Krönungskostüm und ungar.
Krone, ungar. Legende
Lithographie von Adolph
Dauthage
P: Pg: (47). N: NB 505.066-B

183 Brust, halb links,
Krönungskostüm und ungar.
Krone
Lithographie
P: Pg: (48); Pk 702,2. N: NB
511.457-B

184 Kniestück stehend, halb links,
Schleier, Diadem, Fächer,
Perlenkette; ungarische
Legende
Kolorierte Lithographie von
Adolph Dauthage
P: Pg: (48E1). N: NB 511.458 -
B; E 6235

185 Brust, halb links, Diadem,
Krönungskleid, Schleier
Druck von Freytag & Berndt
P: Pg III/3/93. N: NB 511.480 -
B

186 Kniestück, stehend, halb
rechts, ungar. Krönungsrobe,
ungar. Legende mit Bezug auf
das Ableben
Lithographie von Alphons
Giehsz
P: Pg: (48E). N: NB 505.067-B

187 3/4 Figur stehend, 3/4 links, als
ung. Königin
Lithographie (1867)
P: Pb 31.753 Tfl.2. N: 196.152-B

188 Brust, halb links, Schleier,
Diadem im Oval
Photographie von Ludwig
Angerer nach Gemälde von
Georg Raab (1867)
P: Pf : E (42). N: NB 500.831 – C;
u.a.

189 Ganze Figur stehend, 3/4
rechts
Photographie nach Gemälde
von Soyni
P: Pf : E (24). N: NB 503.406-B;
NB 500.830-C

190 Halbe Figur, fast Rechtsprofil,
schwarzer Spitzenumhang,
breites Band; u. a. Auschnitte
Photographie von Neumann
nach Gemälde von Franz
Schrotzberg; u.a. Techniken
P: Pf : E (22,1); u.a. N: NB
508.873-B; u.a.

191 Halbe Figur, fast Rechtsprofil
Lithographie von Jakob
Melcher nach Gemälde von
Franz Schrotzberg; u.a.
Techniken
P: Pg: (49); u.a. N: NB 506.109-
B; NB 520.634-B

192 Fast ganze Figur, stehend, halb
links, Fächer in der Rechten,
Perlenkette
Kolorierte Lithographie von
Adolph Dauthage
P: Pg:(50). N: NB 500.833-C;
300.232/Farbdia (5x5)

193 Halbe Figur, 3/4 rechts
Lithographie von Emile

Desmaison nach Gemälde von
Franz Russ
P: Pg:(51). N: -

194 Hüftstück, stehend, halb links,
in schulterfreiem Kleid mit
Diadem
Gemälde von Franz Russ
(1870)
P: -. N: D 20.787-A/B

195 Tableau; Ansicht Meran umge-
ben von Ansichten von 4
Domizilen E.s während
Winteraufenthalt 1871; kleines
Bildnis der Kaiserin
Xylographie nach Zeichnung
von Franz Kollarz
P: LM XIII Nr. 18 S. 10. N:
436.714-B

196 Brust, 3/4 rechts
Handkolorierte Lithographie
von Adolf Dauthage
P: Pg III/3/82. N: NB 528.315-B

196a Ausführungsvariante
Kolorierte Lithographie von
Adolf Dauthage nach Angerer
und Schrotzberg
P: Pg III/3/94. N: NB 511.481-B

197 Halbe Figur, halb rechts
Photographie nach Gemälde in
ovalem Rahmen von Eduard
Engerth
P: Pf : E (25). N: NB 505.227-B

198 Brust, stehend, 3/4 links
Xylographie nach Zeichnung
von Hermann Scherenberg;
u.a. Techniken
P: Pg: (53); u. a. N: NB 510.304-
B; NB 510.296-B

199 Brust, halb links
Lichtdruck von Josef Löwy
P: Pg: (55). N: NB 509.062-B

200 Brust, halb links
Druck von Paul Gerin
P: Pg III/3/97. N: -

201 Brust, halb links
Lithographie von Josef
Kriehuber (1874) nach
Gemälde von Georg Raab;
u.a. Techniken
P: Pg III/3/101; Pg: (56). N: NB
516. 150-B; NB 511.459-B

202 Brust, 1/4 links
Farbdruck von Freytag &
Berndt nach Gemälde von
Viktor Tilgner
P: Pg III/3/90; Pg III/3/91. N: -

203 Brust, en face
Photographie nach Büste von
Viktor O. Tilgner
P: Pf:E (115E). N: -

204 Brust, halb links, Hermelin und
Diadem
Druck von Freytag & Berndt
P: Pg III/3/89. N: NB 511.478-B

205 Brust, halb links, Diadem,
Halsschmuck, Faksimile des
Namenszuges
Photographie von Franz
Kozmata nach Gemälde von
Karl v.Kobierski
P: Pg III/3/81. N: NB 511.477-B

206 Brust, 3/4 links, Diadem,
Faksimile des Namenszuges
Heliogravüre vom k.u.k.
militärgeograph. Institut nach
Gemälde von Georg Raab; u.a.
Techniken
P: Pg III/3/84; u.a. N: -

207 Fast ganze Figur, stehend, 3/4
rechts, Blattschmuck im Haar
Photographie nach
Lithographie von Adolph
Dauthage
P: Pf : E (56). N: 117.435-C

208 Halbe Figur, halb links
Photographie nach Gouache
von Komlossi nach Gemälde
von Georg Raab in ovalem
Rahmen
P: Pf : E (76). N: NB 500.848-C

209 Fast ganze Figur, stehend, 3/4
rechts
Photographie nach Gemälde
von Georg Raab
P: Pf : E (77). N: NB 511.088-B

210 Brust, halb links, teilweise
offenes Haar, Blattschmuck
Photographie von Othmar Türk
nach Gemälde von Georg Raab
P: Pf : E (78,1); u.a. N: NB
511.044-B; NB 536.547-B

211 Ganze Figur stehend, halb
links, teilweise offenes Haar,
Rubinschmuck
Photographie von Angerer
nach Gemälde von Georg Raab
(1877)
P: Pf : E (81,1); u.a. N: NB
513.670 - C

212 Ganze Figur stehend, halb
links, teilweise offenes Haar,
Darstellung mit Rahmen
Photographie nach Gemälde
von Georg Raab (1877)
P: Pf : E (79); u.a. N: NB 511.427
- B

213 Brust, halb links; Schal über
schulterfreiem Kleid
Kolorierte Photographie von
Federsmit nach Photo eines
Gemäldes von Georg Raab
P: Pk 150,4. N: -

214 Ganze Figur, von rückwärts,
mit Hund
Photographie nach Gemälde
von Wilhelm Richter (1878)
P: Pf : E (89). N: -

215 Brust, stark links;
Xylographie von Josef
Mukarowsky (1879)
P: Pg: (57); Pg: (57a). N: NB
511.460-B

216 Kniestück, halb rechts, Fächer
mit Reiherfedern
Gemälde von Wilhelm
Skallitzky
P: -. N: 117.201-D

217 Brust, halb links
Bildnisminiatur von Richard
Bitterlich
P: -. N: D 52-C

218 Kniestück, stehend, halb
rechts, geschlossener Fächer in
der Hand
Photographie der
Photographische Union
München (1899) nach Gemälde
von Gyula Benczúr
P: Pf : E (102); Pg III/3/99. N:
NB 504.216-B

219 Ganze Figur, stehend,
halb rechts
Tuschzeichnung mit
Weisshöhungen von Nelly
Hirsch-Rado
P: Pg: (58); u.a. N:
NB 511.330-B

220 Brust, 3/4 rechts, schulterfreies
Kleid, Diadem und
Halsschmuck
Originalminiatur von Karl
Köller (um 1896)
P: Pk 978b. N: 302.015-B
(Farbreproneg.); u.a.

221 Brust, halb rechts, gerahmt
unter Glas
Originalminiatur
P: Pk 1471. N: -

222 Brust, halb rechts
Radierung von Wilhelm Unger
P: Pb 41.276 I S. 34/5. N: -

223 Als Mater Dolorosa
Gemälde von Rudolf
Hausleitner
P: -. N: 152.214-A/C; (aus
Corti:E S.440/41 (1.Aufl.))

224 Halbe Figur, halb links
Photographie in ovalem
Rahmen von Türk nach
Gemälde von Georg Raab
(1889)
P: Pf : E (99,1). N: NB 511.426-C

225 Fast halbe Figur, halb rechts,
hochgeschlossene taillierte
Jacke, Schleife, Rosen ange-
steckt
Photographie von Franz
Hanfstaengl nach Gemälde von
Georg Raab (1889)
P: Pf : E (99,2). N:
NB 504.918 - B

226 Brust, halb rechts
Photographie nach
Pinselzeichnung
P: Pf : E (99E). N:
NB 520. 635-B

227 Ganze Figur, stehend, halb
links
Photographie nach Gemälde
von Jószef Koppay
P: Pf : E (109); Pf : E (109a). N:
NB 506.523-B

228 Brust, halb rechts, in dekoll-
tiertem Kleid mit reichem
Schmuck
Photographie nach Gemälde
von Anton Romako in Rahmen
P: Pf : E (131); Pf : E (131a). N:-

229 Ganze Figur, stehend, halb
rechts, dunkles Gewand,
Hütchen
Farbdruckwiedergabe nach
Gemälde von Lajos Mark
P: Pf : E (134). N: -

230 Brust, 3/4 rechts; Pelzkragen,
Halsbrosche, lächelnd
Photographie von Hermann
Brühlmeyer nach
Gemälde
P: Pf : E (135). N: -

231 Brust, 3/4 rechts
Aquarellminiatur auf Elfenbein
nach Gemälde von Franz
Schrotzberg
P: -. N: D 35.361-A/B

232 Ganze Figur, halb links, an
Terassengeländer stehend,
dunkles Kostüm, Handschuhe;
Linke aufgespannter Schirm,
Rechte geschlossene Fächer
auf Geländer
Xylographie nach Zeichnung
von Emil Limmer
P: IZ 1898 IX 15 S.4. N:
435.950-B

233 Brust, fast Rechtsprofil
Gemälde von Rudolf
Hausleithner
P: -. N: D 52.913-A/B

234 Ganze Figur, stehend, 1/4
rechts, Robe nach
Gemälde
P: -. N: D 44.640-A/B

235 Halbe Figur, halb rechts
Photographie nach Gemälde
von László Fülöp
P: Pf : E (110). N: NB 509.486-B

236 Ganze Figur, stehend,
Rechtsprofil, mit Hund
a) Heliogravüre nach Gemälde
von Gyula Benczúr
P: Pg III/3/95. N: -

b) Photographie nach Gemälde
von Gyula Benczúr
P: Pf : E (88). N: NB 508.813-B

237 Kniestück, stehend, 3/4 rechts
Photographie nach Gemälde
von Leopold Horovitz (1899)
P: Pf : E (100); N: NB 505.525-B

237a Ausschnitt Hüftstück
Photographie nach Gemälde
von LeopoldHorovitz (1899)
P: Pf : E (101). N: -

238 Kniestück stehend, halb links
Photographie nach Gemälde
von Leopold Horovitz (1899)
P: Pf : E (105); u.a. N: NB
505.526 – B; u.a.

239 Kniestück stehend, 3/4 links;
Krone mit Schleier, schwarzes
Kleid
Retouchierte Photographie von
Strelisky
P: Pf : E (111,1). N:
NB 534.501 -B

239a Brust, 3/4 links; Krone mit
Schleier, schwarzes Kleid
Retouchierte Photographie von
Strelisky
P: Pf : E (111,2). N:
NB 509.487-B

240 Tableau mit Bildnissen von E.
in verschiedenen Lebensaltern
Photomontage von J.H. Spitzer
P: Pf : E (125); Pf : E (126). N:
NB 518.460-B

241 Halbe Figur, halb links; u. a.
Ausschnitte
Lichtdruck nach
Kohlezeichnung von Leopold
Horovitz; u.a. Techniken
P: Pf : (103 E); u.a. N: NB
520.652-B

242 Halbe Figur, 3/4 links, reich-
verzierter Rahmen
Photographie von Othmar Türk
nach Miniatur nach Gemälde
von Georg Raab
P: Pf : E (99,1). N: NB 511.426-B

243 Brust, halb links
Photographie von Löwy nach
Lithographie nach Gemälde
von Georg Raab
P: Pf : E (85,2). N: NB 519.430-B

244 Brust, 3/4 links; Pelzkragen
Retouchierte Photographie von
Carl Pietzner (1897) nach
Viktor Angerer
P: Pf: E (67,1). N: KO 665 – B;
152.203-A/B

245 Brust, fast Linksprofil;
Architekturrahmen
Bleistiftzeichnung von Fernand
Khnopff nach Photographie
von Angerer
P: Pk 1078, 1. N: NB 513.948 - B

246 Brust, 3/4 links; Pelzkragen
Federzeichnung von Rudolf
Dugo (1900) nach
Photographie von Angerer
P: Pk 1078, 2. N: -

247 Brust, 3/4 links, gestreifter
Umhang
Retouchierte Photographie von
Ludwig Angerer
P: Pf: E (68,1). N: NB 511.414 -
B

248 Brust, halb links, Perlenkette
Retouchierte Photographie von
Carl Pietzner (1898) nach
Angerer
P: Pf:E (68,2). N: KO 663 - B/C

249 Brust, halb links; gestreifter
Umhang
Photographie von Ludwig
Angerer [1863]
P: Pf: E (68,3). N: KO 662 - B/C

250 Brust, 3/4 links; Gedenkblatt
an die Erwiderung F.J. auf die
Glückwünsche Luegers am
24.06.1898
Druck
P: Pk 353,183. N: -

251 Sarg und Leichenwagen vor
dem Hotel Beaurivage in Genf
Photographie (1898)
P: Pf: E (127E). N: NB 506.844 -
B

252 Büste auf Säule in gemalter
Mittelmeerlandschaft
Elisabeth trägt eine Krone mit
Schleier, Halsschmuck (?),
Hermelin. Die Landschaft ist
durch eine dunkle Wolke vor
der Sonne verdüstert. Im
Vordergrund die habsburgische
Hauskrone und der
Sternkreuzorden
Photomontage von Charles
Scolik
P: Pf : E (122). N: NB 511.415 - B

252a Büste auf Säule in gemalter
Landschaft, umgeben von
sechs Portraitdarstellungen am
unteren Rand.
Am Fuß der Säule liegen auf
einem Kissen die habsburgische Hauskrone, ein Fächer
und der Sternkreuzorden
Photomontage von Charles
Scolik
P: Pg 21 17/4 II (14). N: -

253 Elisabeths Totenmaske 1898
Photographie von Kolliner
nach Abguß
P: -. N: 114.939-C; 152.202-A/B

254 Allegorie auf ihren Tod; Brust,
halb links, daneben in trauer-
umflorten Oval weibl. Sitzfigur,
linken Arm über Tafel mit
Jahreszahlen 1837-1898
Druck nach Zeichnung
P: IB 1898 IX 15 S.1. N:
449.119-B

255 Allerseelen Allegorie; Fast
Brust, 3/4 links, in geschmück-
tem Oval von 3 schwebenden
Engeln über ihren Sarg gehal-
ten; etc.
Druck nach Zeichnung
P: IB 1898 X 27. N: 449.120-B

256 Sterbebildchen, diverse
Ausführungen
Druck von Conrad Schulemann
nach Photographie von Carl
Pietzner nach Photographie
von Angerer
P: Pf : E (129,1); u.a. N: NB
513.123-B

257 Halbe Figur, halb links,
schwarze Bluse, Brustkreuz
Retouchierte Photographie von
Carl Pietzner 1899 nach
Photographie von Viktor
Angerer (um 1870)
P: Pf: E (72,1). N:
NB 536.546 - B

258 Brust, halb links, schwarzes
Kleid, weißer Spitzenkragen,
kleines Kreuz an Halsband
Photographie von Viktor
Angerer (um 1870)
P: Pf: E (70,1); Pf: E (70,2). N:
NB 504.279 – B; u.a.

259 Brust, halb links, dunkle
Kleidung
Photographie von Angerer
P: -. N: 152.220-A/B

260 Brust, halb links, Brustkreuz
auf schwarzer Bluse
Druck
P: Pg: (59); u.a. N: NB 500.844-
C; KO 667-B/C

261 Halbe Figur halb links,
Brustkreuz auf schwarzer
Bluse, Kleidung und Dekor fär-
big gestickt, Kopf gemalt
Stickerei auf Seide von Pericick
nach Photographie von
Pietzner/ Angerer
P: Pk 1077. N:-

262 Postkarte mit Trauerrand und
Bildnis; daneben Aussprüche
des Kaisers
Kleid mit weitem Ausschnitt,
Hermelin, Schleier, Brosche,
Diadem und Halsschmuck mit
Rubinen
Druck von Verlag Koppe
Photographie
P: Pf: E (124). N: E 1463 - C/D

263 Hüftstück, halb rechts; Ansicht
von Hohensalzburg, Gedicht
Postkarte um 1900 mit Gedicht
an Elisabeth von Marie von
Ebner- Eschenbach
Druck von nach Photographie
von Ludwig Angerer
P: Pf: E (30,5). N: -

264 Vor dem Schloss Possenhofen
als Prinzessin-Braut zu Pferd
Stich von Andreas Fleischmann
nach Gemälde von Karl Piloty
P: Pg III/3/105. N: NB 500.825-
C; u.a.

265 Zu Pferd, ganze Figur, halb
links
Photographie nach Gemälde
von Karl Kobierski
P: Pf : E (93); Pf : E (98). N: NB
500.837-C; u.a.

266 Ganze Figur zu Pferd, rechts,
dunkles Kleid, Zylinder
Photographie nach Gemälde
von Karl Ritter von Kobierski
P: Pf:E (98a); Pf: E(98). N: NB
515.159 - B

267 Zu Pferd, ganze Figur, halb
rechts
Photographie nach Ludwig
Angerer
P: Pf :E (52,1). N: KO 684 - C

268 Zu Pferd, leicht rechts; Hut mit
weißen Federn
Photographie von Ludwig
Angerer?
P: Pf: E (53,1). N: NB 518.335 -
B

269 Ganze Figur zu Pferd, leicht
rechts
Photographie nach Aquarell
(Hartitzsch? nach Angerer)
P: Pf: E (53,2). N: NB 515.160 -
B

270 Ganze Figur zu Pferd, Profil,
Hut mit kleinem Schleier
Photographie von Nikolaus
Stockmann nach Aquarell
P: Pf: E (53,3). N:-

271 Zu Pferd, ganze Figur, 3/4 links
Photographie nach Gemälde
von Emil Adam
P: Pf : E (94): N: NB 515.161-C;
u.a.

272 Ganze Figur zu Pferd,
Linksprofil; im Hintergrund
weitere Reiter und Hunde
Rückseite: Emil Adam -
Jagdscene II. Das Original-
gemälde im Besitz seiner
Durchlaucht Prinz Emil zu
Fürstenberg in Prag. 1876
Photographie von Franz
Hanfstaengl nach Gemälde von
Emil Adam
P: Pf: E (96,2). N: NB 511.423 -
B

273 Reiterbildnis, halb rechts
Gemälde am Weihnachtsabend
1853 Kaiser F.J. geschenkt
P: -. N: 152.180-B; (aus Corti: E.
S.40/41(1. Aufl.))

274 Reiterbildnis; Rückkehr vom
Ausritt im Hydepark zur österr.
Gesandschaft; London
Gemälde von Max Claude
(1874)
P: -. N: 152.201-B

275 Reiterbildnis, auf der Jagd,
Schloß Combermere Abbey,
England
Gemälde (1875-1877)
P: -. N: 152.200-B

276 Reiterbildnis, auf der Jagd in
Irland
Gemälde von Wilhelm Richter
(1876)
P: -. N: 152.199-B

277 Auf dem Zirkuspferd „Avolo"
reitend
Gemälde von Wilhelm Richter
(1876)
P: -. N: 152.187-B

278 Parforce Reiterin, 3/4 rechts
Stich von Louis Thomas
Atkinson (1882) nach Gemälde
von John Charlton (1877)
P: Pg III/3/104; u.a. N: NB
516.433-B; NB 500.838-C

279 Reiterbildnis
Photographie nach Gemälde
von Wilhelm Richter
P: Pg: (60E). N: -

280 Reiterbildnis
Lichtdruck nach Porzellanfigur
P: Pg: (61). N: NB 511.461-B

281 Die Kaiserin zu Pferd, einen
Fächer vor das Gesicht haltend

Photographie von Baader
P:-. N: 152.189 - A(B)

282 Ganze Figur en face, zu Pferd,
Zylinder in der Hand
Photographie nach Gemälde
von Wilhelm Richter
P: Pf:E (91a). N: NB 552.888 - B

283 Ganze Figur zu Pferd,
Linksprofil mit Zylinder, einen
Graben überspringend
a) Lithographie nach Gemälde
von Wilhelm Richter
P: Pf : E (96,1). N: : NB 500.839-
C; L 55.889-C -

b) Xylographie von Hermann
Paar nach Gemälde von
Wilhelm Richter
P: Pk 400,377. N: -

284 Reiterbildnis; ganze Figur, 3/4
rechts; Zylinderhut
Retouchierte Photographie
(Postkarte)
P: Pf:E (96,2E). N: NB 555.171 -
B

285 Zu Pferd mit Fächer im Park
von Bieberich bei Wiesbaden
Xylographie nach Skizze von
Ferdinand Lindner
P: LM XXVI Nr.29 S.580. N:
420.276-B

II. Gruppen

A: Mit verschiedenen Personen

286 Elisabeth im Brautkleid,
zusammen mit drei anderen
Damen
Kolorierter Stich
P: 105.162-C VI. Jg. 23. IV. 1854,
Nr. 16, S. 64f. N: E 22.472-C/D;
E 22.590-C/D

287 Elisabeth im Lehnstuhl sitzend
mit Rudolf im Arm, davor ste-
hend Gisela, an der Wand
Bildnis der verstorbenen
Sophie
Photographie von Verlag L.T.
Neumann nach Lithographie
von Josef Kriehuber (1858)
P: Pf: E (10). N: NB 500.850 - C

288 Elisabeth im Garten, gestützt
auf Balustrade, neben ihr ein
Kleinkind in einem von 2
Ziegen gezogenen Wagen
(MarieValerie?)
Photographie nach Aquarell
P: Pf: E (11). N:
NB 512.208 -B + F

289 Ganze Figur stehend mit
Tochter Gisela
Photographie nach Aquarell
P: Pf: E (17). N: NB 511.336 - B

290 Sisi im Kreis ihrer Hofdamen
auf Madeira.
Sisi sitzend in der Mitte mit
Mandoline, umgeben von drei
gleichgekleideten Hofdamen
(Matrosenbluse); links Gräfin Lilly Hunyady,
rechts Mathilde Gräfin
Windischgrätz und vorne sit-
zend mit Hund Helene
Prinzessin von Thurn und
Taxis
Photographie von Ost &
Neumann (1861)
P: Pf:E (16). N: 152.183 -A

291 Elisabeth im Kreis ihrer
Hofdamen.

Am Klavier sitzend Mathilde
Gräfin Windischgrätz dahinter
Prinzessin Helene von Thurn
und Taxis
Photographie Abzug von
Ludwig Angerer
P: Pf: E (113,1). N:
NB 512.211 - B

292 Große Gruppe, Elisabeth ganz
rechts, Linksprofil, auf Tisch
gestützt
Photographie von Fratelli
D´Alessandri
P: Pf : E (113,2). N:
NB 512.212-B

293 Elisabeth, ganze Figur stehend,
von hinten, Linksprofil, in
Gruppe, von links: König
Ludwig II von Bayern, Zarin
Marie und Zar Alexander II,
Kaiserin Elisabeth, Herzog Max
in Bayern
Xylographie von Herbert König
P: IZ 30 VII 1864. N: 229.352 - B

294 Ganze Figur sitzend, 3/4
rechts, mit Hut; rechts Carl
Theodor
Photographie von Ludwig
Angerer (1862)
P: Pf : E (66,1); Pf :E (66,2). N:
NB 511.087- B

295 Elisabeth mit Lieblingsbruder
Carl Theodor in Bayern
(„Gackel")
Ganze Figur, 3/4 links, mit Carl
Theodor zur Linken
Photographie nach
Lithographie von Emil von
Hartitzsch
P: Pf: E (66,2). N: NB 511.421 -B

296 Mit Hofdame Baronin Welden
in einer Gondel in Venedig
Photographie nach
Lithographie von Emil v.
Hartitzsch (1862) nach
Photographie von Ludwig
Angerer (1860)
P: Pf: E (35,1); LM IV Nr.14
S.217. N: KO 695 - C

297 Elisabeth mit Kindern Rudolf
und Gisela u. Hofdame
Karoline Freifrau von Welden
in einer Gondel in Venedig
Photographie von
Kunsthandlung Joseph
Bermann nach Lithographie
von Emil v.Hartitzsch (1862)
P: Pf: E (35,2). N: KO 694- B/C

298 E. im Laxenburger Park einen
Kutschierwagen lenkend; hin-
ter ihm ein Lakai, neben dem
Wagen ein Hund einherlaufend
Photographie nach Gemälde
P: Pf: E (18). N: 117.037-C

299 E. bei der Ausfahrt aus dem
Schloß Belvedere
Gemälde von Alexander
v.Bensa
P: - . N: D 19.754-A/B

300 E. mit den zeitgen.
Souveräninnen Europas;
Eugenie v. Frankreich, Viktoria
v. England, Zarin v. Russland
Photographie nach ?
P: Pf : E (113,3). N:
NB 511.425-B

301 Elisabeth (links) und Eugenie
auf einem Waldweg wandernd,
von rückwärts
Druck nach Photographie
(Schnappschuß)
P: Pf: E (130). N: NB 551.443 - B

301a Elisabeth (links) und Eugenie
(rechts) von rückwärts auf
einem Parkweg wandernd, in
der Mitte eine unbekannte
Begleiterin
Photographie (Schnappschuß)
P: Pf: E (130b). N:
NB 521.126 - B

302 Elisabeth mit Eugenie von
rückwärts, auf einer Terrasse
Photographie (Schnappschuß)
P: Pf: E (130a). N:
NB 517.952 - B

303 E. bei Parforce-Jagd in den
engl. Shires, begleitet von
Captain Bay Middleton und
M.H.F. Lord Harrington
Gemälde im Besitz des engl.
Königshauses
P: -. N: 198.952-B; (aus
Cartland B.:The private life of
Elisabeth Empress of Austria)

304 Tableau mit Bildnissen der
Kaiserin; Erzh. Sophie,
Kronprz. Stephanie, Hzgn.
Ludovica v. Bayern und Erzhz.
Elisabeth
Druck
P: Pf : E (127,1). N:
NB 553.189-B

305 E. besucht das Allgemeine
Krankenhaus in Wien
Xylographie nach Zeichnung
von Rudolf Hausleithner
P: LM XXVII Nr.7 S.140. N:-

306 E. mit KrPrz. Rudolf auf einer
Schlittenfahrt in Ungarn
Xylographie von Eduard
Hallberger nach Zeichnung
von Theodor Breidwiser
P: LM XVIII Nr.25 S.493. N:
213.134-B

307 E. sitzend, mit ihrer Tochter
Gisela, deren Gatten Prz.
Leopold v. Bayern und beider
erstgeborenes Kind
Xylographie von A. Schnauffer
nach Zeichnung von Josef
Watter
P: LM XVII Nr.1 S.12.
N: 229.347-B

308 E. besucht in Begleitung der
Fstn. Marie Hohenlohe eine
Volksküche in Wien II.
Haidgasse, 1873
Lithographie von Jakob
Eichhorn
P: Pg Grp. 280; Pg Grp. 280 (a).
N: 427.690-B

309 Tableau; E., Bürgermeister Uhl
und Dombaumeister Schmidt,
Mitte Abbildung des Neuen
Rathauses
Photographiecollage
P: Pf : E (127,2). N:
NB 527.713-B

310 E. mit dem Griechen Barker,
Momentaufnahme aus Caux,
1898
Photographie
P: -. N: 152.213-A/C; (aus
Corti:E S.456/57 (1.Aufl.))

311 Momentaufnahme in Territet
mit Hofdame Irma Gfn. Sztáray
Photographie (Schnappschuß)
(1898)
P: Pf: E (112,1); Pf: E (112,2). N:
NB 517.942 – B; u.a.

B: Mit F.J.

312 F.J. und E. während einer
Parforce-Jagd mit großer
Gesellschaft im Galopp
Gemälde von ?
P: -. N: KO 845-B/C

313 F.J. und E. gegenüber Papst
Pius IX an einem Altar
während der Wandlung kniend
Lithographie von Bartolommeo
Marcovich nach Entwurf von
Karl v. Blaas
P: Pk 3001,178. N: 420.538-B

314 Tableau mit Bildnissen F.Js.,
Brust halb rechts, E.s, Brust
halb links und beiderseitiger
Verwandter
Lithographie von Franz Würbel
nach Komposition von
Ferdinand Tewele (1853)
P: Pk 272,268. N: 422.504-B

315 Seeauer's „Alte Post" in
Hallstatt, darüber die Köpfe des
Brautpaares F.J. und E.,
Gedenkschrift,
Rosenumrahmung
Radierung e.h. signiert von
Herma Schlechter
P: Pf 19000 E 309. N: -

316 Je ganze Figur, F.J. im
Jagdanzug, auf dem Stutzen
vorgestützt, stehend, E. sitzend
Porzellan (1853/54)
P: -. N: 152.231-C

317 Je halbe Figur, F.J. halb rechts,
E. halb links
Stahlstich von Rybicka (1854)
P: Pg: (67). N: NB 508.982-B

318 F.J. und E. in einem Boot auf
dem Starnberger See, F.J.
rudert, dem Paar gegenüber
Hzg. Max in Bayern als
Zitherspieler, Hintergrund
Schloß Possenhofen
Kolorierte Lithographie (um
1854)
P: Pg 90 54/1 in Ptf 147: (217).
N: NB 505.187-B; E 3364-C/D

318a Darstellungsvariante
Lithographie von Anton
Schlögl (1854)
P: Pg 90 54/1 in Ptf 147: (218).
N: NB 525.718-B

318b F.J. und E. sitzend, Ruderer
hinter ihnen stehend, Ausblick
auf Possenhofen
Farblithographie von August
Gerasch (um 1854)
P: Pg III/2/21. N: -

319 Avers-Seite einer
Erinnerungsmedaille, F.J. und
E. je Kopf, Rechtsprofil
Revers-Seite, F.J. und E. vor
dem Kopulanten, die Hände
durch die Stola verbunden
Negativ mit Medaille von
Konrad Lange
P: -. N: 152.225-A/B; 152.226
A/B

320 Tableau, je Brust, F.J. halb
rechts, E. halb links, oben
Wappen mit Kronen, unten
Augustinerkirche Lithographie
(1854)
P: Pg 90 54/1 in Ptf 147a: (219).
N: -

321 Tableau, je Brust, F.J. halb
rechts, E. halb links, in
Zierrahmen mit Wappen und
Kronen

Xylographie von Paar nach Entwurf von Vinzenz Katzler (1854)
P: Pf 19000 E 311. N: -

322 F.J. überreicht E. im Park von Schönbrunn eine Rose
Druck von Steinmann & Heitz
P: Pf 19000 E 310. N -

323 Tableau, je Kniestück, F.J. halb rechts, E. halb links, Krone, Adler, Wappen und Blumenranken
Lithographie nach eigener Zeichnung von Eduard Kaiser (1854)
P: Pg III/8/23; Pg III/8/25 (koloriert). N: -

324 Tableau; Hüftstück, Elisabeth sitzend, 3/4 links; Franz Josef stehend, in Ovalschablonen; oben Kaiserkrone, unten Adler auf Wappen
Stahlstich von Josef Axmann (um 1854)
P: Pg 90 54/1 in Ptf 147a: (221). N: NB 522.088 - B

325 Zu Pferd, je ganze Figur, F.J. 3/4 rechts, E. 3/4 links
Lithographie nach eigenem Gemälde von Eduard Kaiser (um 1854)
P: Pk 2938. N: NB 502.896-B

326 Zu Pferd, F.J. 3/4 rechts, E. 3/4 links, rechter Rand Generaladjutant Gf. Grünne mit Zylinder, Hintergrund Ischl
Lithographie (um 1854), Verlag Alois Bach
P: -. N: 212.995-C; 435.282-C

327 Hand in Hand vor Vedute mit Stephansturm und Gloriette, F.J. halb links, E. halb rechts
Lithographie (um 1854), Druck & Verlag F. Werner
P: Pg 90 54/1 in Ptf. 147a(221 E). N: NB 522.089-B

328 Arm in Arm vor der Franzensburg, je Ganzfigur 3/4 links, F.J. Pelz-Ulanka, E. Mantille über weissem Kleid
Lithographie nach eigener Zeichnung von Franz Wolf (um 1854)
P: Pg 90 54/1 in Ptf 147a: (222E). N: NB 510.519-B

329 Tableau, je Hüftstück, F.J. 3/4 rechts, E. halb links, dazwischen allegorische Figuren mit Wappen
Stahlstich (um 1854), Druck & Verlag G.G. Lange
P: Pg 90 54/1 in Ptf 147a: (223). N: -

330 Tableau, je Hüftstück, stehend, F.J. 3/4 rechts, Pelz-Attila, E. halb rechts, Diadem und Schleier, Blumenranken, oben Adler mit Zepter, Reichsapfel, Krone, unten allegorische Figuren
Lithographie von Franz Planck (um 1854)
P: Pg 90 54/1 in Ptf 147a: (223E).N: NB 521.892-B

331 F.J. und E. je Brust, Linksprofil
Verpackungsvignette einer Wiener Seife
P: -. N: 197.290-B

332 F.J. und E. im „Neutitscheiner" a la Daumont auf Spazierfahrt durch die Ischler Gegend, auf

dem Kutschbock GA. FML. Karl Ludwig Gf. Grünne
Gemälde in der Wagenburg von Schönbrunn (um 1854)
P: -. N: 117.036-C

333 F.J. und E. als Brautpaar, je fast ganze Figur, stehend, Hand in Hand, je halb rechts
Lithographie (1855)
P: Pg : (66). N: NB 511.465-B

334 Mit dem jungen Kaiser auf Gloriettehügel, Schönbrunn, je ganze Figur, schreitend, 3/4 rechts
Stahlstich von Ignaz Lechleitner (1855)
P: Pg: (69); Pg 90 54/1 in Ptf 147a: (222). N: PCH 6519-A/B

335 Hofloge Burgtheater, je halbe Figur, sitzend, F.J. 3/4 links, E. fast Linksprofil
Lithographie von Friedrich Krepp und Friedrich Bruckl (1855)
P: Pg 90 54/1 in Ptf 147a: (224). N: NB 506.238-B; NB 513.570-B

336 Elisabeth Kniestück sitzend, halb links, Hermelin, Diadem; rechts stehend Franz Josef
Stahlstich von A. Mossauer nach Gemälde von Friedrich Dürck
P: Pg 90 54/1 II (40). N: NB 551.450 - B

337 F.J. und E. im offenen Wagen
Kolorierte Lithographie von Ignaz Sonntag nach Zeichnung von Alexander v. Bensa (um 1855)
P: Pg 90 54/1 in Ptf 147a: (225); Pg: (71). N: E 1272-C; u.a.

338 Gruppe, je Brust, fast Rechtsprofil, Ovalschablone
Lithographie von Eduard Kaiser (1856)
P: Pg 90 54/1 in Ptf 147a: (226). N: NB 500.237-B

339 Gruppe, je ganze Figur, stehend, F.J. Linksprofil, E. halb rechts
Stich von J. Wellisch nach Zeichnung von Eduard Kaiser (um 1856)
P: Pg 90 54/1 in Ptf 147a: (227). N: -

340 Gruppe, je 3/4 Figur stehend, F.J. halb links, E. etwas von rechts, Pelz
Xylographie von Eduard Kretzschmar
P: Pg: (68); u.a. N: NB 511.462-B

341 In jungen Jahren mit dem Kaiser, je halbe Figur, stehend, halb rechts
Xylographie (um 1857)
P: Pg: (70); IZ 1857 V 30 S.437. N: NB 511.464-B

342 Gruppe, Arm in Arm, je Kniestück, stehend, halb rechts, F.J. und E. mit Rosen in der Hand
Lithographie von Eduard Kaiser (um 1857)
P: Pg 90 54/1 in Ptf 147a: (228); Pg 90 54/1 in Ptf 147a: (228a)/Textvariante. N: NB 510.035-B

543 Elisabeth, links: Kniestück stehend, en face, schwarzer Spitzenumhang; Arm in Arm mit Franz Josef
Lithographie nach Gemälde von Anton Einsle (1856)
P: Pg 90 54/1 II (41b); u.a. N: -

344 F.J. und E. nehmen unter einem Baldachin die Ergebenheitsadressen ihrer Völker entgegen
Lithographie von Carl Leybold nach Entwurf von Johann Schmickl
P: Pk 353,151. N: -

345 Elisabeth ganze Figur, fast rechts; zu Pferd mit Franz Josef, Hund
Photographie von Michael Frankenstein nach Lithographie von Emil von Hartitzsch
P: Pf 19.000 E 315. N: NB 509.478 - B

346 Tableau, je Brust, F.J. 3/4 rechts, E. halb links, Krone Doppeladler und Blumenranken
Stahlstich
P: Pg 90 54/1 in Ptf 147a: (229); Pg 90 54/1 in Ptf 147a: (229a). N: NB 525.781-B

347 E. und F.J. Arm in Arm, je ganze Figur, stehend, halb rechts
Photolithographie nach Zeichnung von Emil von Hartitzsch
P: Pf 19000 E 313. N: NB 509.476-B

348 Elisabeth ganze Figur stehend, Rechtsprofil; Franz Josef sitzend hinter Schreibtisch; Hund
Photographie von A. Piksa (1908) nach Lithographie von Emil von Hartitzsch?
P: Pk 1297; Pf 19.000 E 314. N: 237.471 – B; NB 509.477- B

349 Gruppe, Arm in Arm, je Kniestück, F.J. halb links, E. 3/4 rechts, ung. Kostüm
Lithographie (um 1866)
P: Pg 90 54/1 in Ptf 147a: (230). N: NB 513.124-B

350 Tableau anl. der Krönung, je Brust, F.J. halb links, E. halb rechts
Xylographie (1867)
P: Pf 19000 E 316; IZ 1867 VI 22 S.423. N: -

351 Elisabeth ganze Figur, halb rechts, zu Pferd; mit Franz Josef, ebenfalls zu Pferd; Hund
Photographie von A. Hoffmann nach Gemälde von Emil von Hartitzsch
P: Pf 19.000 E 317; Pb 48.208, 361. N: NB 503.401 - B

352 Gruppe, F.J. und E. zu Pferd vor einem „Mylord"
Gemälde von Alexander v. Bensa (um 1870)
P: -. N: D 8595-B

553 Reiterbildnis, Jagd zu Pferd, F.J. und E. bei der Fuchsjagd
Xylographie nach Zeichnung von Vinzenz Katzler
P: Pg 90 54/1 in Ptf 147a: (231). N: NB 538.202-A/B

353a Darstellungsvariante
Xylographie nach Zeichnung von Vinzenz Katzler
P: LM XV Nr. 17 S. 321. N: -

354 Tableau, je Brust halb links, F.J. als ung. FM, E. mit schwarzem Kleid und Spitzenjabot
Xylographie von Károly Rusz (1873)
P: Pf 19000 E 318. N: -

355 Elisabeth, halbe Figur, Rechtsprofil mit Franz Josef (3/4 rechts)
Photomontage von Arthur Marx nach Emil Rabending (für Elisabeth)
P: Pf 19.00 E 319. N: NB 518.590 - B

356 Tableau, je Brust, F.J. 3/4 rechts, als deutscher FM, E. 3/4 links
Xylographie (1877)
P: Pf 19000 E 320. N: -

357 Reiterbildnis, E. und F.J. auf der Jagd in Göding 1878
Photographie nach Gemälde von Julius v. Blaas (1900)
P: Pf 19000 E 321; u.a. N: NB 500.851-C; 117.758-B(Dia)

358 Tableau, je Brust, F.J. halb rechts, E. halb links
a) Photographie von M. Cohen nach Gemälde von Georg v. Raab
P: Pf 19000 E 322. N: NB 509.479-B

b) Kolorierte Photographie von F. Fridrich nach Gemälde von Georg v. Raab
P: Pf 19000 E 322a. N: NB 509.480-B

359 Gruppe, je halbe Figur, F.J. 3/4 rechts, E. halb rechts
Druck nach Zeichnung von J. Günter (1879)
P: Pf 19000 E 323. N: NB 525.763-B

360 Silberne Gußmedaille
Avers: je Brust, Rechtsprofil
Revers: je ganze Figur, Rechtsprofil, F.J. stehend, E. sitzend, vor dem Paar zwei allegorischeGestalten
Xylographie von Fr. Biberhofer nach Modellierung von J. Tautenhayn und Anton Scharff
P: Pf 19000 E 323E. N: -

361 Je Brust, F.J. 3/4 links, E. halb links, figurale Rahmung
Getuschte Lithographie von Franz Würbel
P: Pk 353,177. N: 505.625-B

362 Idealisierte Köpfe, je Linksprofil mit Lorbeergewinden
Farbdruck nach Zeichnung von Barth (1879)
P: Pf 19000 E 324. N: -

363 Gruppe, Arm in Arm, je ganze Figur, stehend, halb rechts, F.J. als deutscher FM, E. Diadem und Schleier, Huldigungsgruppe, Hintergrund Kronprinz Rudolf
Photomontage von Otto Meyer (1879)
P: Pf 19000 E 525; PG 90 54/1 II (42). N: 165.874-B

364 Gruppe, je ganze Figur fast Rechtsprofil, F.J. ung. FM, Dienstuniform, E. Pelzjacke mit Muff Photographie von N. Stockmann nach Aquarell signiert T.P.
P: Pf 19000 E 326. N: -

365 Ganze Figur, stehend, en face, Rosen am Kleid; Arm in Arm mit Franz Josef Photographie nach Lithographie (Signatur unleserlich) (dat. 1880)
P: Pf 19.000 E 326e. N: NB 534.500– B; 224.691 - B

366 Elisabeth links, und Franz Josef zu Pferd Photomontage (Postkarte)
P: Pb 48. 208,363. N:421.680-B

367 Tableau, je Brust, je Profil, F.J. links, E. rechts Xylographie
P: Pf 19000 E 327. N: -

368 F.J. und E. mit Teilnehmern an einer Parforce-Jagd vor Schloß Gödöllö Lithographie nach Gemälde von Julius v.Blaas (1881)
P: Pb 48.208,301; Pb 48.208,301a. N: 460.648-B

369 F.J. und E. inspizieren die Küche des Elisabeth-Hospitales in Budapest, 1884,Teilszene eines Tableaus Xylographie nach Zeichnung von Alfons Giehsz
P: LM XXVII Nr.24 S. 525. N: 449.507-B

370 Links Elisabeth, Brust, halb links, rechts Franz Josef, Brust, fast en face Photomontage von Verlag S. Bloch (um 1888)
P: Pf 19.000 E 328E. N: NB 533.045 - B

371 F.J. und E. inmitten einer großen Gesellschaft nach einer Fuchsjagd bei Pest, 1886 Xylographie von G. Rau nach Gemälde von Wilhelm Richter
P: LM XXIX Nr.5 S.86. N: -

372 F.J. und E. bei Parforce-Jagd bei Kerepes Druck nach Gemälde von Wojcech v. Kossak (1887)
P: Pb 48.208,302; Pb 48.208,302a. N: -

373 Tableau anl. 40. Hochzeitstages 1894 IV 24, je Brust, F.J. halb links, E. halb rechts Lithographie-Druck von Franz Walter nach Zeichnung von Theodor Mayerhofer
P: Pg III/10/96; Pg III/10/96a. N: 530.000-B

374 F.J. und E. beim Frühstückstisch Druck nach Zeichnung von Theo Zasche (um 1897)
P: Pb 41.970 S.7. N: NB 513.155-B

375 Mit Kaiser Franz Josef im „Landaulet" vor dem Budapester Westbahnhof Elisabeth versteckt ihr Gesicht hinter einem Fächer
a) Photographie von Emil C. Móric (1896)
P: Pf 19.000 E 329; N: NB 519.493 - B

b) Gemälde von Koller nach

Photographie von Emil C. Móric (1896)
P: Pf: E (114). N: NB 506.843-B

376 Elisabeth und Franz Josef; Brust, 3/4 links Photomontage von Rudolf Krziwanek (um 1898)
P: Pf 19.000 E 330. N: 99.572 - D (ONeg)

377 Einem weiblichen Genius entgegenschreitend, hinter ihr Kaiser F.J. sitzend, über ihnen Patrona Hungarica mit Kind Gouache von Nelly Hirsch-Radó sign. und dat. (1900)
P: Pk 1088. N: -

C: Mit F.J. und Familie

378 E. mit Marie-Valerie im Wagen; F.J. zu Pferd Gemälde von Alexander v. Bensa
P: -. N: D 46.613-A/B; E 9086

379 F.J. stehend, halb links, vor ihm E. ganze Figur, sitzend, auf dem Schoß Sophie im zartesten Alter Lithographie Eduard Kaiser nach Entwurf von Karl Josef Geiger (1855)
P: Pg III/8/27. N: 256.426-B

379a Darstellungsvariante, Ovalschablone, Kleinstformate
a) Stich (1855)
P: Pg 90 54/1 in Ptf 147a: (232). N: -

b) Kolorierter Stich
Pg 90 54/1 in Ptf 147a: (232a). N: -

380 F.J. ganze Figur, stehend, Rechtsprofil, daneben E. mit Sophie auf dem Schoß sitzend, 3/4 rechts, umgeben von Eltern und Brüdern F.J.s. Stich von Ignaz Lechleitner nach Gemälde von Ferdinand Laufberger (um 1856)

P: Pg 90 54/1 in Ptf 147a: (233). N: NB 525.782-B

381 Je ganze Figur, F.J. stehend, halb links, E. stehend, en face, an der Hand Sophie, links in der Wiege Gisela Lithographie von Franz Emphinger (1856)
P: Pg 90 54/1 in Ptf 147a: (234). N: NB 511.261-B

382 F.J. 3/4 Figur stehend, halb links, Oberstinhaber Husaren-Rgt. Hand in Hand mit E. 3/4 Figur sitzend, 3/4 links, Sophie auf dem Schoß mit Gisela Radierung von Ignaz Lechleitner und Johannes Sonnenleiter (1856)
P: Pg 90 54/1 in Ptf 147a: (235); u.a. N: NB 509.717-B

382a Darstellungsvariante, ohne Wiege, Ovalschablone Radierung von Ignaz Lechleitner und Johannes Sonnenleiter (1856)
P: Pg 90 54/1 in Ptf 147a: (235c). N: -

383 Tableau anl. Besuchsfahrt Lombardo-Venezien, oben F.J. und E. je halbe Figur, stehend, F.J. halb rechts, E. halb links,

unten Kinder Sophie und Gisela Lithographie von Alessandro Focosi
P: Pg III/1/97. N: -

384 F.J. und E. Hand in Hand sitzend, zwischen den Knien F.J.s Sophie, links die Eltern F.J.s, auf dem Schoß der Mutter Enkelin Gisela Lithographie von Josef Anton Bauer nach Entwurf von Karl Josef Geiger (1857)
P: Pg III/8/26. N: 166.395-B

385 Je ganze Figur, F.J. stehend 3/4 rechts, die Rechte am Baldachin der Wiege Kr.Prz. Rudolfs, am linken Arm E. stehend, halb links, vor der Wiege Gisela, Bildnis Rudolfs v. Habsburg darüber Lithographie (1858/59)
P: Pg 90 54/1 in Ptf 147a: (235E). N: -

386 1.Reihe von links: Elisabeth mit Kronprinz Rudolf auf dem Schoß, Gisela, Erzherzogin Sophie, Franz Karl, 2. Reihe von links: Franz Josef, Ferdinand Max, Charlotte, Ludwig Viktor und Karl Ludwig (alle stehend) Photographie von Ludwig Angerer (1859)
P: Pf 19.000 E 332; u.a. N: NB 530.187 – B; u.a.

387 E. mit Kr.Prz. Rudolf auf dem Schoß, sitzend, neben ihr Gisela stehend, hinter ihnen F.J. Kniestück, stehend, halb links, als dt. FM, Dienstuniform Lithographie von Eduard Kaiser (1858); u.a. Techniken
P: Pg III/8/28; u. a. N: NB 513.343-B

388 Elisabeth ganze Figur stehend, 3/4 links, mit Franz Josef; Gisela an der Hand der Kaiserin, Rudolf an der Hand des Kaisers Photographie nach Aquarell
P: Pf 19.000 E 334. N: NB 512.383 - B

389 Ovalschablone, F.J. Arm in Arm mit E., je ganze Figur, stehend, neben F.J. stehend Gisela, neben E. auf Schaukelpferd sitzend KrPz. Rudolf Xylographie nach Photographie nach?
P: Pf 19000 E 338; u.a. N: NB 510.517-B

390 Elisabeth (ganze Figur, Linksprofil) auf Sessel sitzend, Franz Josef (en face) daneben stehend, davor Gisela stehend mit Kronprinz Rudolf auf einem Spielzeugpferdchen) Photographie nach Lithographie von Emil von Hartitzsch (1862)
P: Pf 19.000 E 336. N: NB 512.384 - B

391 Elisabeth (ganze Figur, Linksprofil) auf Sessel sitzend, Franz Josef (en face) daneben stehend, davor Gisela stehend mit Kronprinz Rudolf auf einem Spielzeugpferdchen) Photographie nach Lithographie (1862)
P: Pf 19.000 E 337. N: NB 512.385- B

392 Elisabeth (ganze Figur ste-

hend, halb rechts) Arm in Arm mit Franz Josef; davor Gisela (reicht Elisabeth Blumen) und Kronprinz Rudolf (mit Hund) Photographie nach Lithographie von Emil von Hartitzsch (1862/63)
P: Pf 19.000 E 343; u.a. N: NB 512.386 – B

392a Darstellungsvariante, Elisabeth fast halbe Figur en face, zu Boden blickend, Arm in Arm mit Franz Josef Photographie nach Lithographie von Emil von Hartitzsch (1862/63)
P: Pf 19.000 E 343b. N: -

393 Elisabeth in der Mitte sitzend, umgeben von Kindern und Mitgliedern der Familie, links vorne Erzherzogin Sophie, davor Kronprinz Rudolf, dahinter Ludwig Viktor, daneben Kaiser Franz Josef, vor Elisabeth sitzend Gisela, rechts von Elisabeth sitzend Franz Karl, dahinter Ferdinand Max mit Charlotte, im Hintergrund Carl Ludwig und Maria Annunziata Photomontage (um 1863)
P: Pf 19.000 E 344a; u.a. N: NB 506.239 - B

394 Tableau von Mitgliedern der Familie: Mitte links Elisabeth, rechts Franz Josef; im Uhrzeigersinn von oben: Gisela, Rudolf, Franz Karl, Charlotte, Anuntiata, Ludwig Viktor, Karl Ludwig, Ferdinand Max, Sofie Photomontage
P: Pf 19.000 E 347E; u.a. N: NB 519.495-B

395 F.J. und E. Arm in Arm, je ganze Figur, stehend, halb rechts, F.J. ung. FM, E. ung. Magnatentracht, davor Kronprinz Rudolf und Gisela, Hintergrund Ofener Burg Druck von H. Gerhart nach Lithographie
P: Pg 90 54/1 in Ptf 147a(237). N: NB 510.520-B

396 F.J., E. und Gisela auf einer Gartenbank vor Schloß Gödöllö sitzend, Marie-Valerie auf dem Schoß, daneben Kronprinz Rudolf stehend Lithographie nach eigener Zeichnung von Vinzenz Katzler (1871); u.a. Techniken
P: Pg Grp. 241; u.a. N: NB 505.988-B

397 F.J. mit Kronprinz Rudolf und Prz. Leopold v. Bayern um eine Gartenbank stehend, E. und Gisela sitzend, dazwischen Marie-Valerie stehend Lithographie von Vinzenz Katzler (1872)
P: Pg 90 54/1 in Ptf 147a: (238). N: NB 511.139-B

398 F.J. ganze Figur, sitzend, Linksprofil mit E. ganze Figur sitzend, 3/4 rechts, dazwischen Gisela und Prz. Leopold v. Bayern, hinter E. Kronprinz Rudolf , vor ihr Marie-Valerie mit Hund Kolorierte Photographie von Federsmit nach einem Aquarell von Emil von Hartitzsch (1872)
P: Pk 150,1; u.a. N: NB 506.241-B; : 300.235 – B (Farbnegativ)

399 Tableau, oben je Brust, F.J. 3/4 rechts, E. halb links, unten KrPrz. Rudolf mit Schwestern in Zierrahmen
Tusch-Pinsel Zeichnung von A. Fischel (um 1875)
P: Pg 90 54/1 II(44). N: -

400 Franz Josef und Elisabeth sitzen einander gegenüber, dazwischen vorne Gisela mit Elisabeth und Auguste, dahinter Kronprinz Rudolf und Prinz Leopold von Bayern
Photographie nach Lithographie (1874/75)
P: Pf 19.000 E 350. N: -

401 F.J. und E. mit Marie Valerie sitzend, Gisela mit Kindern Elisabeth und Auguste sitzend, Kr.Prz. Rudolf und Prz. Leopold v. Bayern stehend, Parkprospekt
Photographie nach Gemälde von Georg Decker (um 1877); u.a. Techniken
P: Pf 19000 E 351; Pg Grp. 237. N: NB 502.284-C; KO 824-C

402 F.J. und E. mit Marie Valerie auf dem Schoß sitzend, KrPrz. Rudolf und Prz. Leopold v. Bayern stehend, Gisela sitzend, Auguste und Elisabeth im Vordergrund stehend und sitzend
Xylographie von Eduard Hallberger nach Zeichnung von Vinzenz Katzler
P: Pg 90 54/1 in Ptf 147a: (239); LM XXI Nr. 29 S. 564/5. N: NB 538.205-A/B

403 Tableau mit 39 Mitgliedern des Erzhauses, darunter F.J. und E.
Xylographie (1879)
P: Pk 3003,1094; Pb 41.123 S.146/7. N: 422.169-B

404 Tableau mit Bildnismedaillons; F.J. und E. oben, Mitte: Kronprinz Rudolf, Gisela, Prinz Leopold v. Bayern, Darunter der letzteren Kinder, zwischen diesen Marie-Valerie
Lithographie von Adolf Prössel nach Entwurf von Arthur Frh. v.Wimmersperg
P: Pg Grp. 238; Pg III/2/6. N: NB 516.148-B

405 Tableau zur silbernen Hochzeit, F.J. und E. in Kreisschablone, KrPrz. Rudolf, Gisela und Prz. Leopold v. Bayern, sowie deren Kinder, außerdem Marie-Valerie, Randleiste Budapest
Lithographie von György Suhajdy
P: Pg Grp. 239; u.a. N: -

406 Im Triumphbogen die Familie des Jubelpaares, davor Huldigende
Photolithographie von Josef Berger
P: Pf 19000 E 352. N: -

407 Erinnerungsblatt an die silberne Hochzeit
In architektonischen Rahmen Portraits F.J. und E.s mit Kindern und der Familie des Prz. Leopold v. Bayern
Photomontage von J. Stauda
P: Pk 353,178. N: 499.761-B

408 Tableau mit Bildern von F.J., E., des belgischen Herrscherpaares, der Schwestern Rudolfs, des Prz.

Leopold v. Bayern
Photographie von S. Krausz nach Lithographie von F.J. Skutan (1881)
P: Pf 19000 E 353; u.a. N: -

409 Tableau m. Bildnissen von F.J., E., des belg. Herrscherpaares, der Schwestern Rudolfs, des Prz. Leopold v. Bayern
Photographie nach Lithographie von F.J.Skutan
P: Pf 19000 E 354. N: -

410 F.J. und König Leopold II. stehend, E. und Königin Marie-Henriette sitzend, KrPrz. Rudolf und Braut Stephanie stehend
Druck nach Gemälde von ?
P: Pg 90 54/1 II(45); u. a. N: NB 506.242-B; KO 830-C

411 F.J. und E. einander gegenüber sitzend, dahinter stehend Kronprinz Rudolf, Stephanie, Gisela, Prz. Leopold v. Bayern, Marie-Valerie
Photolithographie (1883)
P: Pf 19000 E 355E. N: -

412 F.J., E., Krpz. Rudolf und Marie Valerie stehend, Stephanie mit Kind Elisabeth sitzend
Photomontage (1883/84)
P: Pf 19000 E 356; u.a. N: 198.257-B

413 Tableau, F.J. und E., Gisela und Marie-Valerie, Kr.Prz. Rudolf mit Stephanie und Tochter Elisabeth
Lithographie nach eigener Zeichnung von August Schubert (um 1886)
P: Pg III/2/14. N: NB 517.778-B

414 E. im „Mylord" m. weißem Sonnenschirm, links F.J. zu Pferd, rechts stehend Kronprinz Rudolf und Stefanie; Hintergrund Franzensburg in Laxenburg
Photographie nach Gemälde von Carl Schweninger d. Jüngeren (um 1887/88); u.a. Techniken
P: Pg 90 54/1 II(46); u.a. N: NB 503.894-B; u.a.

415 F.J. zu Pferd mit E., Marie-Valerie und der Familie des KrPrz. Rudolf, Hintergrund angedeutet Hermesvilla im Lainzer Tiergarten
Xylographie von Gebrüder Kröner nach Zeichnung von Wilhelm Gause (1888)
P: GL 1888 S.792/3. N: 261.903-B

416 Widmungsblatt zum Regierungsjubiläum 1888 XII 2
Tableau; F.J. und E., beiderseitige Eltern, KrPrzen-Paar, Gisela und Prz. Leopold v. Bayern, durchwegs Brust
Lithographie von M. Streicher
P: Pg 90 54/1 II/47. N: -

417 1848-1888 Viribus unitis
F.J. und E. mit KrPrzen-Paar in Lorbeer- und Blumengewinde je halbe Figur, stehend, darunter allegorische Figuren und Embleme
Photomontage von Otto Mayer
P: Pk 3001,175. N: -

418 F.J., Rudolf, Gisela, Leopold v. Bayern und Marie Valerie stehend, E. und Stephanie sitzend, daneben Elisabeth stehend
Xylographie von H. Schubert (1888) nach Lithographie von

Richard Brend'amour
P: Pf 19000 E 358. N: NB 510.518-B

419 F.J. und E., Familie des KrPrz. Rudolf, Marie-Valerie und Familie des Prz. Leopold v. Bayern mit Kindern Konrad, Georg, Auguste und Elisabeth
Xylographie von nach Zeichnung von Theodor Volz (1888)
P: LM XXXI Nr.5 S.196/7. N: -

420 Allegorie, F.J. und E., KrPrzen-Witwe Stephanie mit Tochter Elisabeth und zwei Genien vor der Büste des Kronprinzen Rudolf
Hochdruck nach Zeichnung von Franz Kollarz
P: IB 1890 I 30 S.1. N: 261.909-B

421 Tableau Vermählung Marie Valerie, F.J. und E. je Brust, darunter die Eltern des Bräutigams Karl Salvator und Maria Immaculata
Zinkotypie (1890)
P: Pf 19000 E 359. N: -

422 Elisabeth, halbe Figur, sitzend; gegenüber sitzend Kronprinzessin Witwe Stefanie mit Tochter Elisabeth, dahinter stehend von links Kaiser Franz Josef und das Brautpaar Marie Valerie mit Franz Salvator.
Photolithographie nach Zeichnung (1890)
P: Pf 19.000 E 360. N: -

423 Familiendiner in der Kaiservilla zu Bad Ischl; F.J., E., Gisela, Marie-Valerie, Franz Salvator sowie die Prz.en Leopold, Georg und Konrad v. Bayern
Druck nach Zeichnung von Theodor Zasche
P: Pb 41.970 S.309. N: 196.055-B; 422.489-B

424 Tableau, oben F.J., E. und Marie-Valerie, Mitte Kronprinz Rudolf, Stephanie und Tochter Elisabeth, unten Franz Ferdinand, Karl Ludwig und Ludwig Viktor
Photomontage von A.F. Czihak´s Nfg. (um 1895)
P: Pf 19000 E 361. N: -

425 F.J. und E. mit der Familie Franz Salvators, auf F.J. zueilend Enkelin Elisabeth, auf dem Schoß von Marie Valerie der kleine Hubert Salvator, auf dem Schoß E.s die

neugeborene Hedwig
Druck von Steinmann & Heitz (1896)
P: Pg 90 54/1 in Ptf 147a: (241). N: NB 521.894-B

426 Familiengruppe 1830-1900 F.J., Gisela und Marie-Valerie je mit Gatten und Kindern, Erz. Josef mit Familie und Familie Freifrau Elisabeth Seefried, an der Wand Bildnisse E.s und des KrPrz. Rudolf
Druck
P: Pg III/2/7. N: NB 514.642-B

427 Tableau anl. silb. Hochzeit 1879 IV 24,
F.J. und E. je Brustbild, außerdem alle Regenten von Rudolf I. bis Kaiser Ferdinand I. v. Ö.
Lithographischer Druck nach

Entwurf von Leonhard Bauer
P: Pg III/9/26; u.a. N: NB 516.425-B

428 Natur. Stammbaum 1708-1911 mit Portraits der Regenten und Familienmitglieder darunter auch E.
Heliogravüre von Obstl. Franz Angeli
P: Pk 353,149. N: -

429 Tableau mit 24 Mitgliedern des Kaiserhauses darunter Elisabeth und F.J.
Photographie von Angerer
P: Pf :E (127,3). N: -

III. Ereignisse

1854-1860

430 1854 IV 20
Abfahrt aus dem elterlichen Hause durch das Siegestor in München, E. in Kutsche stehend und mit Taschentuch winkend
Lithographie von Anton Ziegler
P: Pg: (62). N: NB 507.434-B

431 1854 IV 22
Empfang E.s am Landungsplatz bei Nußdorf; F.J. und E. zwischen Dampfer „F.J." und der Empfangshalle während Begrüßung
Xylographie von Eduard Kretzschmar; u.a. Techniken
P: IZ 1854 V 6 S.289; u.a. N: 261.660-B; NB 505.986-B

432 1854 IV 23
Der Brautzug passiert die Elisabethbrücke, Galawagen fährt auf der Elisabethbrücke ein
Heliogravüre nach Gemälde von Philipp Fleischer
P: Pb 41.276 I S.44/5. N: 261.701-B

433 1854 IV 23
Empfang der Kutsche an der Elisabethbrücke
Lithographie von C.Verosta
P: Pg : (64). N: NB 504.894-B

434 1854 IV 23
Ankunft an der Elisabethbrücke, huldigende Militärs und Zivilisten
Xylographie von Eduard Kretzschmar
P: IZ 1854 V 6 S.292; Pb 41.123 S. 75. N: 146.848-B; 118.084-B

435 1854 IV 23
Einfahrt der Kutsche nach Wien an der Elisabethbrücke
Lithographie, Verlag A. Johann Schönberg
P: Pg: (63). N: NB 504.895-B

436 1854 IV 23
Variante der Ankunft E.s, Übersicht gegen Polytechnikum und Karlskirche
Xylographie von Eduard Kretzschmar
P: IZ 1854 V 6 S.293. N: 118.085-B

437 1854 IV 23
Einzug E.s auf der Elisabethbrücke
Federzeichnung von Gottlieb v. Kempf
P: Pk 3001,769. N: -

438 1854 IV 23
Bildmitte und rechte Seite

Kutsche mit Elisabeth, Brust,
1/4 links
Lithographie von Franz Kollarz
P: Pg III/3/75. N:NB 504.893-B

439 1854 IV 23
Der Galawagen nach Passieren
der Elisabethbrücke unterwegs
zum Kärntnertor
Lithographie, Druck und
Verlag F. Werner
P: Pk 2422. N: 118.063-B; PCH
6518-C

440 1854 IV 24
Trauungszeremonie in der
Augustinerkirche, F.J. und E.
als Brautpaar Hand in Hand
vor Kopulanten Fst.-Ezb. Josef
Othmar v. Rauscher
Lithographie von Carl
Lanzedelli
P: Pg: (65); Pg III/2/2. N: NB
504.994-B

441 1854 IV 24
F.J. und E. als Brautpaar Hand
in Hand vor Kopulanten
Fst.Erzb. Josef Othmar v.
Rauscher
Xylographie von Vinzenz
Katzler; u.a. Techniken
P: Pg 90 54/1 in Ptf 147a: (258).
N: NB 521.896-B; 261.704-B

442 1854 IV 24
F.J. und E. als Brautpaar, die
Hände durch die Stola verbun-
den, vor dem Kopulanten
Lithographie vermutlich von
Vinzenz Katzler
P: Pg 90 54/1 in Ptf 147a: (257);
Pk 2075. N: 118.094-B

443 1854 IV 24
F.J. und E. knieen vor dem
Kopulanten in der
Augustinerkirche
Xylographie von Eduard
Kretzschmar
P: IZ 1854 V 6 S.296; Pb 41.123
S.77. N: 118.088-B; 229.350-B

444 1854 IV 24
F.J. und E. unter einem
Baldachin stehend
Xylographie von Eduard
Kretzschmar
P: IZ 1854 V 6 S.297. N:
118.089-B

445 1854 IV 29
F.J. und E. im „Viktoria" unter
Girlanden vor Lampions dan-
ken für Ovationen
Lithographie
P: Pg 90 54/1 in Ptf 147a: (259).
N: NB 511.374-B; NB 519.987-B

446 1854 IV 29
Tableau mit verschiedenen
Szenen aus den
Vermählungstagen
Lithographie nach Zeichnung
von Albrecht und Gerhart
P: -. N: LW 74.555-C

447 1854 IV 29
Huldigungsblatt, F.J. 3/4 rechts,
E. halb links, oben Genealogie
der Häuser Habsburg und
Wittelsbach, Zierrahmen mit
Wiener Hofburg, Starnberger
See, Possenhofen, etc.
Lithographie nach eigener
Zeichnung von Anton Ziegler
P: Pg III/2/48. N: -

448 1854 IV 29
Das jungvermählte Paar auf
Doppelthron sitzend, je ganze
Figur, F.J. halb rechts,
Hermelinmantel, Kollane und

Zepter, E. halb links, davor
Huldigungsgruppe
Lithographie von Eduard
Friedrich Leybold nach
Entwurf von Josef Geiger
P: Pg 90 54/1 II(39). N: -

449 1854 IV 29
Gottvater und zwei Engel in
Wolken, darunter aufgeklebte
Oval-Portraits des Paares, je
Hüftstück, F.J. halb rechts, E.
halb links
Kolorierter Stich
P: Pg 90 54/1 in Ptf 147a: (220).
N: NB 525.780-B

450 1854 IV 29
Je Brustprofil, F.J. rechts,
E. links
Lithographie von Friedrich
Berndt
P: Pg 90 54/1 in Ptf 147a: (260).
N: NB 525.784-B

451 1854 IV 29
F.J. und E. je Brust, je
Linksprofil
a) Lithographie
P: Pg 90 54/1 in Ptf 147a: (261).
N: -

b) Kolorierte Lithographie mit
Dedikation von J.B.
Wallishauser
P: Pg 90 54/1 in Ptf 147a:
(261a). N: -

452 1854 VI 5
F.J. und E. bei einem Caroussel
in der gräflich waldsteinschen
Reitschule zu Prag
Kolorierte Lithographie von
Vinzenz Katzler
P: Pk 189,1-25. N: -

453 1854 VI 10
Grundsteinlegung Kirche Prag-
Karolinenthal, F.J. vollzieht
Hammerschlag, daneben Kard.
Fst.-Erzb. Friedrich zu
Schwarzenberg mit der Kelle,
hinter ihm E.
Gravüre nach Photographie
von FranzHanfstaengl nach
Gemälde von Rudolf Müller
P: Pg Grp. 135. N: 213.229-B;
KO 852-C

454 1855 VII 22
F.J. und E. unter dem Hofzelt
vor der Mariensäule kniend,
Feier zu Ehren der
Unbefleckten Empfängnis
Mariens, Dogma 1854 XII 8
Xylographie
P: Pk 2896,1; IZ 1855 VIII 25
S.137. N: 166.390-B

455 1856 IV 24
Grundsteinlegung Votivkirche,
F.J. ganze Figur Linksprofil,
vollzieht mit Kardinal Rauscher
den symbolischen
Hammerschlag, neben ihm E.
Xylographie
P: IZ 1856 V 17 S.336. N:
281.235-B

456 1856 IX 3
Der sechsspännige Reisewagen
trifft bei der Ehrenpforte an
der Landesgrenze bei Friesach
ein
Farblithographie
P: Pb 33.579 Tfl. 1. N: 283.521-B

457 1856 IX 4
F.J. mit E. bei einem Volksfest
mit Bestschießen in den F.J.
Anlagen auf dem Kreuzberg

Farblithographie
P: Pb 33.579 Tfl. 6; Pk
3001,1170. N: -

458 1856 IX 4
F.J. und E. im Wappensaal des
ständischen Landhauses zu
Klagenfurt
Farblithographie
P: Pb 33.579 Tfl. 8; Pk
3001,1172. N: -

459 1856 IX 8
F.J. und E. besichtigen unter-
wegs von Winlern nach
Hermagor die Gloriette auf
dem Iselsberg
Lithographie signiert Lang
P: Pb 33.579 Tfl. 21. N: -

460 1856 XI 20
F.J. und E. vor dem Einzug in
Triest im Begrüßungspavillon
von Opcina
Xylographie
P: IZ 1857 I 3 S.20.
N: 420.844-B

461 1856 XI 20
Ankunft in Triest, F.J. und E. in
Kalesche mit Sechserzug
Xylographie
P: IZ 1857 I 3 S.20.
N: 229.355-B

462 1856 XI 21
Fest im Arsenal des österr.
Lloyd
Xylographie
P: IZ 1857 I 3 S.24.
N: 420.846-B

463 1856 XI 23
Illumination des Hafens von
Triest
Xylographie
P: IZ 1857 I 3 S.21.
N: 420.845-B

464 1856 XI 25
Einschiffung zur Fahrt nach
Venedig auf der Dampfer-
Fregatte „Elisabeth"
Xylographie
P: IZ 1857 I 3 S.24.
N: 420.847-B

465 1856 XI 25
F.J. und E. unter Baldachin mit
Thron, links im Hintergrund
Triest
Lithographie von Vincente
Poiret nach Entwurf von Luigi
Contarini
P: Pk 2080. N: 228.793-B

466 1856 XI 25
Ankunft in Venedig, Die
Munizipial-Galleggiante inmit-
ten festlicher Barken vor dem
Dogenpalast
Xylographie
P: IZ 1857 I 10 S.48. N: 505.495-
B

466a Darstellungsvariante,
Galleggiante mit F.J. und E. ste-
hend, Hintergrund
Dogenpalast
Lithographie von Vinzenz
Katzler
P: Pg 90 54/1 II(50). N: NB
601.462-C; 168.937-B

467 1856 XI 25
Empfang F.J. und E. durch den
Patriarchen Giovanni Pietro
Aurelio Mutti in der
Markuskirche
Xylographie
P: IZ 1857 I 10 S.49. N: 229.356-
B; 505.496-B

468 1856 XI 25
F.J. und E. auf dem Weg von
der Markuskirche zum Palazzo
Reale
Xylographie
P: IZ 1857 I 17 S.72; PB 41.123
S.86. N: 284.995-B

469 1856 XII 7
Regatta auf dem Canal grande
Xylographie
P: IZ 1857 I 24 S.96/7. N:
505.497-B (linke Hälfte)

470 1856 XII 9
F.J. vollzieht den
Hammerschlag zur
Grundsteinlegung der Kapelle
im Marinearsenal, neben ihm
E.
Xylographie
P: IZ 1857 I 17 S.73. N: -

471 1857 I 3
F.J. und E. vor dem beleuchte-
ten Palazzo della Ragione zu
Padua
Xylographie
P: IZ 1857 II 14 S.149.
N: 420.278-B

472 1857 I 6
Das Volksfest dellå Ruota auf
der Piazza dei Signori zu
Vicenza, F.J. und E. auf dem
Balkon der Residenz
Xylographie
P: IZ 1857 II 14 S.152. N: -

473 1857 I 8
Beleuchtung und Feuerwerk in
der Arena von Verona
Xylographie
P: IZ 1857 II 14 S.156. N:
281.903-B

474 1857 I 9
E. besucht die
Negererziehungsanstalt
Dr. Mazza in Verona
Xylographie
P: IZ 1857 II 14 S.153. N:
229.357-B

475 1857 I 15
Einzug von F.J. und E. in
Mailand
Xylographie
P: IZ 1857 II 21 S.173. N:
229.358-B

476 1857 I 15
Einzug von F.J. und E. in den
Mailänder Dom
Xylographie
P: IZ 1857 II 21 S.176/7. N:
229.359-B

477 1857 I 15
Die Geistlichkeit huldigt F.J.
und E. im Mailänder Dom
Xylographie
P: IZ 1857 III 28 S.277. N:
229.362-B; 505.499-B

478 1857 I 15
F.J. und E. werden vom
Mailänder Adel empfangen
a) Lavierte Zeichnung von
Felix Philipp Kanitz
P: Pz E 1/1 1857 I 15. N: -

b) freie xylographische Replik
P: IZ 1857 II 28 S.200. N:
229.360-B

479 1857 I 18
Beleuchtung des Mailänder
Domes
Xylographie
P: IZ 1857 II 28 S.197. N: -

480 1857 I 25
Mailänder Skala, F.J. und E.
nehmen in der Loge stehend
die Ovationen anläßlich der an
diesem Tage verfügten
Amnestie entgegen
a) Aquarellierte Zeichnung von
Vinzenz Katzler
P: PZ E 1/1 1857 I 25. N:
229.361-B

b) freie xylographische Replik
P: IZ 1857 II 28 S.201. N:
505.498-B

481 1857 III 5
F.J. und E. im „Viktoria" beim
Moccoli-Korso auf dem
Theaterplatz zu Mantua
Xylographie
P: IZ 1857 III 28 S.284. N: -

482 1857 III 12
Rückkehr nach Wien, F.J. und
E. im Coupé vor dem Äußeren
Burgtor
Xylographie
P: IZ 1857 III 28 S.285. N:
229.353-B

483 1857 V 4
Ankunft in Pest; Begrüßung
von F.J. und E. im errichteten
Festpavillon am Landungsplatz
Xylographie von Ludwig
Burger
P: IZ 1857 V 30 S.428/9. N:
229.354-B

484 1857 V 4
Staatswagen an der
Triumphpforte zwischen Dt.
Theater und Hotel „Kgn. v.
England"; E. aus dem Wagen
blickend
Xylographie von Ludwig
Burger
P: IZ 1857 V 30 S.440. N: -

485 1857 V 6
F.J. mustert Truppen auf dem
Pester Exerzierplatz, im
Vordergrund E. auf einem
Rappen
Xylographie von Ludwig
Burger
P: IZ 1857 V I 13 S.469. N:
505.500-B

486 1857 V 25
F.J. und E. im „Viktoria" auf
der Pußta, von Banderien des
Békéser Komitates begleitet
Xylographie von Ludwig
Burger
P: IZ 1857 VI 27 S.504/5. N: -

487 1857 V 25
F.J. und E. werden bei der
Einfahrt in die Pußta Kigyós
vor dem Herrenhaus
empfangen
Farblithographie von B.
Hohmann und J.Böß
P: Pg 90 54/1 II(51). N: -

488 1857 V 25
F.J. und E. werden von der
Bevölkerung umjubelt
Lithographie von Josef Heicke
nach Zeichnung von B.
Hohmann und J. Böß
P: -. N: 152.227-B

489 1857 V 27
F.J. und E. bei einem Volksfest
in Großwardein
Xylographie von Ludwig
Burger
P: IZ 1857 VII 4 S.5. N: 420.279-
B

490 1857 V 27
Grundsteinlegung zum Theiß-
Bahnhof; F.J. und E. unter dem
Festzelt gegenüber dem Klerus
Xylographie von Ludwig
Burger
P: IZ 1857 VII 4 S.4. N: -

491 1857 V 28
F.J. und E. erreichen im
„Viktoria" mit Viererzug
Debreczin, im Hintergrund ein
Triumphbogen
Lithographie von Károly Sterio
P: Pg 90 54/1 II/52. N: 228.828-
B

492 1858 V 1
Eröffnung der Ringstrasse, F.J.
und E. werden vom
Stadterweiterungs- und
Bauleitungs-Komitee begrüßt
Farblithographie von H.Engel
(1859)
P: PZ F 1/1 1858 V 1. N: LW
74.554-C

493 1858 VIII 21
Gedenkblatt Geburt Kr.Prz.
Rudolf, Bildnisse der Eltern F.J.
und E., der beiderseitigen
Großeltern, sowie des
Ahnherren Rudolf zwischen
Maria Theresia und Franz I.
Stephan
Lithographie von Carl Leybold
nach Zeichnung von Anton
Ziegler
P: Pk 5005,1100. N: 284.370-B

494 1858 VIII 23
Taufe des Krprzn. Rudolf in
Laxenburg, Erinnerungsblatt
mit Bildnismedaillons des
Kaiserpaares
P: Pk 3001,270. N: 448.284-B

495 1858 XI 13
Prag, Enthüllung des Radetzky-
Denkmales, Kleinseitener Ring,
zwischen Niklaskirche und
Sparkassengebäude, F.J. vor
dem Monument, E. in Festloge
gegenüber
Xylographie nach Zeichnung
von Felix Philipp Kanitz
P: IZ 1859 I 1 S.9. N: -

496 1859 V 29
F.J. und E. verlassen im
„Viktoria" die Bellaria der
Wiener Hofburg
Xylographie nach Zeichnung
P: IZ 1859 VI 11 S.389. N:
196.480-B

497 1860 V 22
Enthüllung Erz. Carl Denkmal,
Moment der Enthüllung, gese-
hen gegen die
Minoritenkirche, Hofzelt
Photographie von Angerer
(1860)
P: Pk 2602b. N: 129.986-B;
154.952-B

497a Einstellungsvariante, gegen d.
Volksgarten
Photographie von Antoine
(1860)
P: Pk 5002,160. N: 154.517-
C/Dia(Stereo)

498 1860 V 22
Denkmal und Hofzelt während
des Tedeums am Wiener
Heldenplatz
Xylographie nach Zeichnung
von F. Schmidt
P: LM II Nr. 36 S. 560/1. N: -

499 1860 XI 20
E. mit Viktoria Pr.Roy. of
England auf dem Bahnhof in
Koblenz
Xylographie nach Skizze
P: LM III Nr.11 S.164. N:
436.709-B

1861-1870

500 1861 V 18
Begrüßung E.s in Miramar
nach ihrem Aufenthalt auf
Madeira seit November 1860
Xylographie nach Zeichnung
von Carl Haase
P: IZ 1861 VI 8 S.389; Pb 41.123
S.97. N: 420.280-B

501 1861 V 18
Miramar, Begrüßung zwischen
E. und Erzhn. Charlotte, F.J.
und Erzh. Ferdinand Max
davor im Boot
a) Photographie nach Gemälde
von Cesare dell´Acqua
P: Pk 2414; Pb 43.936 S. 382/3.
N: 283.098-B; u.a.

b) Heliogravüre
P: Pz E 1/1 1861 V 18. N: -

502 1861 V 23
Große Vorstellung der
Palastdamen vor E. im
Spiegelsaal der Hofburg
Xylographie von Eduard
Hallberger nach Zeichnung
von H.Schmidt
P: LM III Nr. 37 S. 576. N:
436.711-B

503 1863 II 26
Anl. Verkündigung des
Februarpatentes vor zwei
Jahren, F.J. und E. in einer der
Festlogen der Hofoper
Xylographie von Richard
Brend´amour nach Zeichnung
von Charles L´Allemand
P: LM V Nr.28 S.436. N: -

504 1865 V 1
Der Galawagen mit F.J. und E.
passiert den Festplatz vor dem
Äußeren Burgtor, Blick gegen
die Stadt
a) Lavierte Federzeichnung
von Ladislaus Eugen Petrovits
P:-. N: 114.092-C

b) Xylographie nach
Federzeichnung von Ladislaus
Eugen Petrovits
P: IZ 1865 V 20 S.333; Pb 41.123
S. 106. N: -

505 1865 V 1
Galawagen von F.J. und E. pas-
siert Festplatz vor Äußerem
Burgtor, Blick von der Stadt
Xylographie von Eduard
Hallberger nach Zeichnung
von Vinzenz Katzler
P: LM VII Nr. 36 S.569. N:
238.067-B

506 1866 I 29
Budapest, F.J. und E. nach
Ankunft im halbgedeckten
Schwimmer à la Daumont
unterwegs zur Kettenbrücke,
im Hintergrund Ofener Burg
Lithographie von Danieletto &
Politzer
P: Pk 355,144. N: 281.464-B

507 1866 II 6
F.J. und E. beim Bürgerball in
der Pester städtischen Redoute
Xylographie nach Zeichnung
von Bartholomäus Székely

v.Ádámos
P: IZ 1866 II 24 S.128. N:
427.820-B

508 1866 II 27
E. mit silbernem Hammer am
Schlußstein zum Pester städti-
schen Armenversorgungshaus
Elisabethinum, neben ihr F.J.
Xylographie nach Zeichnung
von Bartholomäus Székely v.
Ádámos
P: IZ 1866 III 24 S.197. N:
229.349-B

509 1866 II
E. bei einem Damencercle in
Ofen
Xylographie von Eduard
Hallberger nach Zeichnung
von Franz Kollarz
P: LM VIII Nr.22 S.337. N: NB
513.154-B

510 1867 VI 8
E. trifft im Galawagen vor dem
Portal der Ofener Pfarrkirche
ein
Xylographie
P: IZ 1867 VII 13 S.29.
N: 146.813-B

511 1867 VI 8
Die Krönung E.s vor dem
Hochaltar
Xylographie von Hermann Paar
nach Zeichnung von Franz
Kollarz
P: Pb 31.753(a) Tfl.9. N:
196.151-B

512 1867 VI 8
Krönung E.s in Budapest,
während der Zeremonie vor
dem Hochaltar kniend
Lithographie
P: -. N: KO 696-C

513 1867 VI 8
E. Krönung zur Königin von
Ungarn
Rasterdruck nach Lithographie
P: IB 1898 IX 15 S.3. N:
420.602-B

514 1867 VI 8
Das Kircheninnere der Ofener
Pfarrkirche während der
Krönungszeremonie
Xylographie nach Zeichnung
von V. J.Szabat
P: IZ 1867 VII 6 S.7; Pb 41.123
S. 110/1. N: 284.930-B

515 1867 VI 8
Mpr. Julius Gf. Andrássy bringt
auf das nach der Krönung ste-
hende Thronbaldachin ste-
hende Herrscherpaar, F.J. und
E., ein Éljen aus
Stich von Jenö Doby nach
Gemälde von Eduard v.
Engerth; u.a. Techniken
P: Pk 353,38; u.a. N: 228.774-C;
u.a.

516 1867 V 10
F.J. und E. auf dem Balkon der
Ofener Burg
Xylographie von Hermann Paar
nach Zeichnung von Franz
Kollarz
P: Pb 31.753(a) Tfl.17.
N: 420.271-B

517 1867 VIII 18
E. und Eugenie vor F.J. und
Napoleon III. am Salzburger
Bahnhof
Xylographie
P: IZ 1867 IX 7 S.153. N: -

518 1867 VIII 18
Die Monarchenpaare (Franz.

Kaiserpaar, F.J. u. E.) nach
dem Verlassen des Bahnhofs
Xylographie nach Zeichnung
von Johann Nepomuk
Schönberg
P: LM IX Nr. 51 S.813.
N: 427.822-B

519 1867 VIII 18
F.J. und E. mit franz.
Kaiserpaar in einer Kalesche
mit Sechserzug bei der Fahrt
über den alten Markt
Xylographie nach Zeichnung
von Johann Berger
P: IZ 1867 IX 14 S.173. N:
238.468-B

520 1869 III 8
Der Wagen mit F.J. und E. pas-
siert unter dem Jubel der
Bevölkerung das Jellacic
Denkmal
Xylographie nach Zeichnung
von Vinzenz Katzler
P: LM XI Nr.29 S.473. N:
449.212-B

521 1869 III 9
F.J. und E. empfangen im
Agramer Banatgebäude
Deputationen der Stadt
Xylographie
P: Pz E 1/1 1869 III 9; IZ 1869
IV 10 S.261. N: 284.457-B;
449.214-B

522 1869 III 9ff
Empfang von F.J. und E. in
Jurjaves bei Agram
Xylographie
P: Pz E 1/1 1869 III; IZ 1869 IV
3 S.237. N: 449.213-B

523 1869 IV 25
Enthüllung des Denkmals für
den Palatin Erzh. Josef in Pest,
F.J. und E. im Hofzelt gegenü-
ber dem Monument
Xylographie von Eduard
Hallberger nach Zeichnung
von Franz Kollarz nach Skizze
von Ferencz Haske
P: LM XI Nr.35 S.576.
N: -

524 1869 X 6
F.J. und KrPrz. v. Preußen wer-
den an der Adlerstiege der
Hofburg von E. erwartet
Xylographie nach Zeichnung
von Franz Kollarz
P: LM XII Nr. 6 S.113. N: -

525 1869 X 7
Kaiserliche Familie und Kr.Prz.
Rudolf in der Hofloge des
Opernhauses, Aufführung
Ballett „Sardanapal"
Xylographie nach Zeichnung
von Johann Nepomuk
Schönberg
P: Pz E 1/1 1869 X 7; IZ 1869 X
30 S.349. N: 243.492-B

526 1870 IV 14
F.J. und E. vollziehen im
Zeremoniensaal der Wiener
Hofburg die Gründonnerstag-
Fußwaschung Xylographie
nach Zeichnung von Vinzenz
Katzler
P: IZ 1870 V 7 S.341. N:
427.821-B

1871-1880

527 1871 IV 10
F.J., E. und KrPrz. Rudolf bei
einem Schützenfest in Meran
Xylographie nach Zeichnung
von Franz Kollarz
P: LM XIII Nr.37 S.5. N:
261.895-B

528 1872 III 18
F. Liszt konzertiert vor der kai-
serl. Familie im Redoutensaal
zu Budapest auf einem
Bösendorfer-Flügel
Xylographie nach Zeichnung
von Janos Janko
P: LM XV Nr.21 S.401; PF
1556:E (5 E 1a). N:
NB 516.963-B

529 1872 V 1
F.J. in Uniform zu Pferd neben
E. im Wagen
Xylographie von Eduard
Hallberger nach Zeichnung
von Franz Kollarz
P: LM XIV Nr.33 S.4/5. N:
238.157-B

530 1872 V 31
F.J. und E. mit KrPrz. Rudolf
und anderen Mitgliedern der
Familie in dem in der
Burgkapelle auf erhöhtem
Schaubett ruhenden Sarg sei-
ner Mutter Erzhzn. Sophie
Xylographie nach Zeichnung
von Vinzenz Katzler
P: LM XIV Nr.41 S.4. N:
238.158-B

531 1873 IV 17
Ball Stadt Wien anl.
Vermählung Erzhn. Gisela, auf
Festtribüne F.J., E. und Prz.
Luitpold v. Bayern, hinter dem
Brautpaar Kr.Prz. Rudolf u.a.
Xylographie nach Morel(?) nach
Zeichnung von Pauquet
P: Pz E 1/1 1873 IV 17.
N: NB 511.260-B; NB 516.147-B

532 1873 IV 20
Trauung Giselas mit Prz.
Leopold v. Bayern durch
Kardinal J. Othmar v. Rauscher
in der Augustinerkirche,
Hintergrund F.J. und E.
Xylographie nach Zeichnung
von Franz Kollarz
P: LM XV Nr.34 S.661. N:
237.158-B

532a Darstellungsvariante
Xylographie nach Zeichnung
von Vinzenz Katzler
P: IZ 1873 V 17 S. 369; Pz F 1/1
1873 IV 20. N: -

533 1873 V 5
F.J. und E. besichtigen den jap.
Teil der Wr. Weltausstellung
1873
Xylographie von G. Rau nach
Zeichnung von Franz Kollarz
P: LM XV Nr.40 S.784. N:
237.159-B

534 1873 VI 29
Soiree bei Außenminister
Julius Gf. Andrassy zu Ehren
der dt. Kaiserin Augusta im
Beisein F.J.s, E.s, des Erzh.
Albrecht u.a.
Xylographie nach Zeichnung
von Vinzenz Katzler
P: IZ 1873 VII 26 S.65.
N: 412.997-B

535 1873 XII 1
F.J. und KrPrz. Rudolf passieren im „Viktoria", gefolgt von

E. im Coupe, die Ringstraße
beim Schwarzenbergplatz auf
der Fahrt zum
Illuminationsbesuch
Xylographie nach Zeichnung
von Franz Kollarz
P: LM XVI Nr.15 S.285; Pb
41.125 S.127. N: 243.612-B

536 1874 VII 14
Wilhelm I. zwischen F.J. und E.
auf dem Balkon der
Gosaumühle am Hallstättersee
Xylographie nach Zeichnung
von Vinzenz Katzler
P: LM XVI Nr. 48 S.945. N:
427.863-B

537 1876 I 31
E. am offenen Sarg Franz
Deaks
a) Stich von Alphonse Masson
nach Gemälde von Mihaly
v.Zichy
P: Pk 353,130. N: NB 510.715-B

b) Heliogravüre von S. Czeiger
nach Gemälde von Mihaly
v.Zichy
P: Pb 41.276 I S. 56/7. N: NB
517.732-B

538 1876 I 31
E. legt am Sarg Franz v. Deak´s
einen Kranz nieder
Xylographie nach Zeichnung
von Vinzenz Katzler
P: LM XVIII Nr.24 S.469. N:
229.351-B

539 1879 IV 27
„Makart-Festzug"; Blick über
Festplatz gegen
Minoritenkirche mit den dicht
besetzten Bauten in Erwartung
des Festzuges
Photographie von
Weingartshofer (1879)
P: Pk 5002,35. N: 114.094-C;
u.a.

1881-1890

540 1881 V 9
E. begrüßt in der Hofburg vor
F.J. , KrPrz. Rudolf und Leopold
II. Kg. der Belgier, Stephanie
Xylographie
P: -. N: KO 2149-C

541 1881 V 10
F.J. und E. bei der Trauung von
Kr.Prz. Rudolf und Stephanie in
der Augustinerkirche
Lithographie nach eigenem
Entwurf von Jakob Eichhorn
P: Pk 5003,1131. N: 261.665-B

541a Darstellungsvariante
Xylographie nach Zeichnung
von Vinzenz Katzler
P: IZ 1881 VI 4 S. 467; LM XXIII
Nr. 36 S. 708/9. N: 118.087-B;
196.650-B

541b Darstellungsvariante
Xylographie nach Zeichnung
von Gustave Janet nach Skizze
von Wilhelm Gause
P: Pf 1299:E (3). N:
NB 509.008-B

542 1881 X 28
Besuch ital. Königspaar; F.J.
und E. sowie ital.
Monarchenpaar in der Hofloge
Xylographie nach Zeichnung
von Wilhelm Gause
P: Pz D 1/1 1881 X 28. N:
499.415-B

543 1881 X 29
Hoftafel im Redoutensaal;
Trinkspruch F.J.s;
Xylographie nach Skizze von
Vinzenz Katzler
P: IZ 1881 XI 12 S.413. N:
261.902-B

544 1881 X 29
Tableau: F.J. begrüßt
Margherita auf dem Bahnhof;
E. empfängt Margherita; König
Humberts Toast bei der
Hoftafel
Xylographie nach Zeichnung
von Vinzenz Katzler
P: LM XXIV Nr.9 S.164; LM
XXXI Nr.5 S.230. N: 436.743-B;
u.a.

545 1881 XII 24
F.J., E., KrPrz. Rudolf, Gisela
und Marie-Valerie, Prz.
Leopold v. Bayern unterm
Weihnachtsbaum
Xylographie nach Zeichnung
von Franz Kollarz
P: LM XXIII Nr.13 S.253. N: NB
513.160-B

546 1882 IX 17
F.J. und E. in der bosnischen
Abteilung der Ausstellung;
Teilszenen eines Tableaus
Xylographie nach Skizze von
Alfred Zoff
P: LM XXV Nr.4 S.69.
N: -

547 1883 II
E. mit Hofdame beim Abstieg
vom Leopoldsberg
Xylographie
P: IB 1883 III 1 S.5. N: -

548 1883 III/IV
E. mit Erzh. Marie-Valerie und
Przn. Trani auf einem
Spazierritt
Druck nach Zeichnung
P: IB 1883 IV 26 S.1. N: 229.348-
B

549 1883 VIII/IX
E. stürzt auf einem Spazierritt
auf der Brücke am Weg vom
„Toten Weib" bei Mürzsteg,
Steiermark
Zinkotypie
P: IB 1883 IX 6 S.1; IB 1898 IX
15 S.4. N: 420.603-B

550 1883 IX 5
Fst.-Erzb. Cölestin Ganglbauer
tauft in Laxenburg die KrPrzn-
Tochter Elisabeth
Xylographie nach Zeichnung
von Theodor Breidwiser
P: LM XXV Nr. 52 S.1036. N:
229.081-B

551 1883 IX 5
Fst.-Erzb. Cölestin Ganglbauer
tauft in Laxenburg die
Kr.Prz.en-Tochter Elisabeth, E.
als Taufpatin
Xylographie
P: IB 1883 IX 13 S.1. N:
448.257-B

552 1885 VIII 25
Empfang am Bahnhof von
Kremsier; E. begrüßt die Zarin
Maria; jeweils daneben F.J.
und Alexander III.
a) Xylographie nach
Zeichnung von Wilhelm Kranz
P: LM XXVII Nr. 51 S.1109. N: -

b) Xylographie nach Skizze von
Wilhelm Grögler
P: IZ 1885 IX 5 S.226. N:
284.879-B

552a Darstellungsvariante
Xylographie nach Skizze von
Wilhelm Grögler
P: Pb 41.123 S.162. N: 436.740-B

553 1885 VIII 25
Kaisertage von Kremsier; F.J.
und Alexander III. fahren,
gefolgt von E. und der Zarin
im „Mylord" mit gerittenem
Viererzug, vom Bahnhof zum
Schloß
Xylographie
P: LM XXVII Nr.51 S. 1120. N:
420.277-B

554 1885 VIII 25/26
Tableau; je Brust; F.J., E. und
KrPrz. Rudolf; Alexander III.,
Maria Feodorowna mit
Zarewitsch; Bela Orczy, Eduard
Taafe, Nikolai Karlowitsch,
Gustav Kalnocky
Lithographischer Druck nach
Zeichnung von Theodor
Mayerhofer
P: IB 1885 VIII 27 S.5. N:
460.350-B

555 1886 I 28
Hofball im Zeremoniensaal der
Wiener Hofburg
Hochdruck von Angerer &
Göschl nach Zeichnung von
Wilhelm Gause
P: LM XXVIII Nr. 21 S.456/7.
N: 422.005-B; u.a.

556 1886 VIII 6
Franz Joseph geleitet Elisabeth
nach einem Besuch bei Kaiser
Wilhelm I aus dem Badeschloß
in Bad Gastein
Photographie von Max Balde
(1886)
P: Pz 1886 VIII 6/C1/1. N:
422.578 - B

557 1886 X/XI
E. besucht mit Gräfin Festetics
die Frauenabteilung der
Irrenanstalt auf dem
Leopoldifeld in Budapest
Xylographie
P: IB 1886 XI 11 S.1. N:
427.819-B

558 1887 XII 24
E. mit der kaiserlichen Familie
am Weihnachtsabend in der
Wiener Hofburg
Xylographie von Richard
Brend'amour nach Zeichnung
von Wilhelm Gause
P: LM XXX Nr.6 S.233. N: NB
513.153-B

559 1888 V 13
Verschiedene Blickrichtungen
auf das Maria-
Theresienmonument und
Festplatz mit Hofzelt anl. der
Enthüllung
Originalnegative
P:- . N: 56.706-C; 124.734ff-D

560 1888 X 3
Hofkonzert im Zeremoniensaal
der Hofburg für Wilhelm II.
anl. dessen Besuch in Wien
Xylographie nach Zeichnung
von Theodor Breidwiser
P: LM XXXI Nr.3 S.105. N:
436.762-B

561 1888 X 3
Cercle bei Galakonzert im
Ceremoniensaal der Hofburg
Hochdruck
P: IB 1888 X 11 S.5. N: -

562 1889 I 31
F.J. und E. und Stephanie am
Totenbett des Kr.Prz. Rudolf im
Kronprinzenappartement der
Hofburg
Xylographie nach Zeichnung
von Theodor Breitwieser
P: Pk 2921,6; LM XXXI Nr.11
S.461. N: 197.018-B

563 1889 I 31
F.J., E., Stephanie und
Kr.Prz.en-Tochter Elisabeth am
Totenbett von Kr.Prz. Rudolf
Hochdruck
P: IB 1889 II 8 S.3. N: 257.822-B

564 1889 I 31
E. ganze Figur, fast rechts, in
Trauerkleidung am Sarg von
Kronprinz Rudolf
Zeitungsillustration
P: Pk 2921,15. N: -

565 1890 IV 11
Wilhelm II. macht E. in der
Villa Langenbeck, Wiesbaden
mit Handkuss seine
Aufwartung
Xylographie
P: IB 1890 IV 17 S.6.
N: 455.958-B

566 1890 VII 31
Trauung Marie-Valerie Franz
Salvator, Bischof Doppelbauer
vollzieht im Beisein von F.J.
und E. die Trauung
Xylographie nach Zeichnung
von Franz Schlegel
P: IZ 1890 VIII 16 S.177. N:
261.895-B

566a Darstellungsvariante
Xylographie nach Zeichnung
von Alois Greil
P: LM XXXII Nr.24 S.944. N: -

_1891-1898_

567 1892 II 2
Hofburgpfarrer Prälat Laurenz
Mayer tauft vor F.J. und E. in
einem als Kapelle adapt. Salon
der Franz-Karl-Appartement
der Hofburg Erzhn. Elisabeth,
Tochter der Erzhzn. Marie-
Valerie
Hochdruck nach Zeichnung
von Alfons Giehsz
P: IB 1892 II 11 S.1. N: 420.275-
B

568 1893 III
F.J. mit E. und Suite bei einem
Ausflug in Territet
Druck nach Zeichnung von
Wilhelm Gause
P: Pb 41.970 S.203; Pb 18.203.
N: 427.866-B

569 1894 III
F.J. am Arm E.s auf einem
Spaziergang
Hochdruck
P: IB 1894 III 8 S.5. N: 449.341-
B

570 1894 III
Cap Martin (Mentone); F.J. und
E. am Arm im Hotelgarten
Heliogravüre nach Gemälde
von Wilhelm Gause
P: PK 2857.28. N: NB 506.205-B

571 1894 III
F.J. und E. bei den Pinien der
Madonna
Druck nach Zeichnung von

Wilhelm Gause
P: Pb 41.970 S. 204. N: -

572 1895 II 14
F. J. (in Zivil) und E. (mit
geschlossenem Schirm) pro-
menieren mit Kaiserin Eugenie
(mit offenem Schirm)
Autotypie von Arthur Lajos
Halmi
P: Pb 41.970 S 210. N: -

573 1896 V 2
F. J. eröffnet in Beisein
Elisabeths die
Milleniumsausstellung
Elisabeth halbe Figur, en face,
schwarzer Schleier
Originale Bleistiftzeichnung
von Arthur Lajos Halmi
P: Pk 353,199. N: 197.451 - B

574 1896 V 3
F.J. und E. in der
Krönungskirche; Kardinal Fst.-
Primas Claudius Vaszáry hält
nach dem Milleniums-
gottesdienst eine Ansprache
Druck nach Zeichnung von
Artur Lajos Halmi
P: Pb 41.970 S.101. N: -

575 1896 V 8
Elisabeth ganze Figur sitzend,
Rechtsprofil, Franz Josef ste-
hend; der Präsident Desider v.
Szilágy spricht.
Heliogravüre von Gyula
Benczúr
P: Pk 353,148. N: 197.044 - B

576 1896 VIII 27
E. und die Zarin folgen dem
„Mylord" à la Daumont F.J.s
und des Zaren Nikolaus II.
über den Praterstern
Photographie von Lechner R.
P: Pk 2577g; Pz D 1/2 1896 VIII
27. N: NB 504.284-B

576a 1896 VIII 27
Kaiserin Elisabeth und Zarin
Alexandra.
Beide Kaiserinnen im Wagen à
la Daumont auf der
Opernkreuzung
Einzug des russischen
Herrscherpaares in Wien: Die
Wagenkolonne passiert auf
dem Weg vom Nordbahnhof
die Opernkreuzung
Photographie von Lechner
(1896)
P: Pz 1896 VIII 27. N: -

576b 1896 VIII 27
E. und die Zarin folgen dem
Wagen F.J. und Nikolaus II.
beim passieren der
Triumphbögen im russ. Stil
beim Schwarzenbergplatz
Photographie von Charles
Scolik (1896)
P: Pk 977,2; u.a. N:
NB 505.618-B

577 1896 VIII 27
Galadiner mit F.J., E., Zar und
Zarin
Druck nach Zeichnung von
Artur Lajos Halmi
P: Pb 41.970 S.59. N: 261.896-B

578 1898 IV/V
Elisabeth mit weißem
Sonnenschirm promenierend
zusammen mit Franz Josef (in
Zivil) in Bad Kissingen
Photographie von J. Kolb
(1898)
P: Pz 1898 IV 25 - V 5. N: NB
504.888 – B; 152.186-B

579 1898 IX 10
E. wird nach dem Attentat an
Bord des Dampfers auf eine
Bahre gebettet
Hochdruck nach Zeichnung
P: IB 1898 IX 15 S.4. N:
237.487-B

580 1898 IX 11
Aufbahrung E.s im Ecksalon
des Hotels „Beau-Rivage" in
Genf
Hochdruck nach Zeichnung
P: IB 1898 IX 22 S.5. N: -

581 1898 IX
Irma Gfn. Sztáray bricht bei
Bericht über das Ende E.s vor
F.J. ins Knie; Hintergrund
diverse Gemälde der Kaiserin
E.
Hochdruck nach Zeichnung
P: IB 1898 IX 29 S.1. N:
261.658-B; 228.658-B

582 1898 IX (16)
Franz Josef kniet vor der im
offenen Sarg liegenden
Elisabeth
Lithographie von Dr.
Steinmann & Heitz
P: Pg:(72); Pf 19000 E (331). N:
197.040 - B

Ergänzungen

583: Fast ganze Figur, stehend, halb
rechts, Buch in der linken
Hand; (Anm:auch als Marie
bezeichnet)
Photographie von Franz
Hanfstaengl (1859 korr. aus
1857)
P: Pf: E (0); u.a. N: NB 504.282-
B

584 Elisabeth mit F.J., je Kopf, E.
1/4 rechts, F.J. leicht links
Erinnerungspostkarte
P:ohne Signatur. N: -

Berichtigungen

Ad Nr. 292: Elisabeth ist nicht unter
den dargestellten Personen

ABBILDUNGSNACHWEIS

Abbildungen, die wiederholt werden, weil sie als Vorlagen dienen, sind in dieser Funktion nicht in den Abbildungsnachweis aufgenommen worden.
Die Nummern rechts beziehen sich auf das „Verzeichnis" im Anhang.

LITERATURNACHWEIS

Ungedruckte Quellen: Haus-, Hof- und Staatsarchiv, Direktion der Kabinettskanzlei 1872 und Obersthofmeisteramt, Secretariat Ihrer Majestät der Kaiserin und Königin Elisabeth 1858–1898: Protokolle, Akten und Kassabücher in Auswahl

Gedruckte Quellen und Literatur in Auswahl:

Baier, Wolfgang	Quellendarstellungen zur Geschichte der Fotografie, München-Leipzig, 2. Auflage 1977
Bourgoing, Jean de (Hg.)	Briefe Kaiser Franz Josephs an Frau Katharina Schratt, Wien 1949
Conte Corti, Egon Caesar	Elisabeth, die seltsame Frau, Salzburg 1934
Dreyer, Aloys	Herzog Maximilian in Bayern, der erlauchte Freund und Förderer des Zitherspiels und der Gebirgspoesie, München 1909
	Elisabeth, Königin von Ungarn. Erzsébet, a magyarok királynéja, Ausstellungskatalog, Eisenstadt 1991
	Elisabeth von Österreich. Einsamkeit, Macht und Freiheit, Katalog zur 99. Sonderausstellung des Historischen Museums der Stadt Wien, Wien 1987
Gebhardt Heinz	Königlich Bayerische Photographie 1838–1918, München 1978
Gebhardt Heinz	Franz Hanfstaengl. Von der Lithographie zur Photographie (Ausstellungskatalog des Münchner Stadtmuseums 1984)
Hamann, Brigitte	Elisabeth, Kaiserin wider Willen, Wien 1982
Hamann, Brigitte (Hg.)	Kaiserin Elisabeth. Das Poetische Tagebuch, Wien 1884
Herre, Franz	Kaiser Franz Joseph von Österreich. Sein Leben – seine Zeit, Köln 1978
Heyden-Rynsch, Verena von der (Hg.)	Elisabeth von Österreich, Tagebuchblätter von Constantin Christomanos, München 1983
Hochreiter, Otto, Starl, Timm u.a.	Geschichte der Photographie in Österreich, hg. vom Verein zur Erarbeitung der Geschichte der Photographie, 2 Bände, Bad Ischl 1983
Holzschuh, Robert (Hg.)	Sisi, die letzte Griechin. Kaiserin Elisabeth auf Korfu, Aschaffenburg 1996
Lachout, Karin	Geschichte der Photographie von den Anfängen bis 1880. Entstehung, Entwicklung und Struktur eines neuen Mediums unter besonderer Berücksichtigung der Entwicklung in Österreich, Diplomarbeit, Wien 1988
Larisch-Wallersee, Marie Gräfin	Kaiserin Elisabeth und ich, Leipzig 1935
Loschek, Ingrid	Reclams Mode- und Kostümlexikon, Wien 1987
Nostitz-Rieneck, Georg (Hg.)	Briefe Kaiser Franz Josephs an Kaiserin Elisabeth, 2 Bände, Wien-München 1966
Redlich, Joseph	Kaiser Franz Joseph von Österreich, Berlin 1928
Schnürer, Franz (Hg.)	Briefe Kaiser Franz Josefs I. an seine Mutter 1838–1872, München 1930
Sterzinger, Irmgard und Richard	Auf den Spuren der Kaiserin Elisabeth, Nürnberg 1996
Sztáray, Irma Gräfin	Aus den letzten Jahren der Kaiserin Elisabeth, Wien 1909
Trnka, Gabriele	Anton Einsle 1801–1871, Dissertation, Wien 1980
Vogel, Juliane	Elisabeth von Österreich, Wien 1991
Witzleben, Hermann v.- Ilka v. Vignau	Die Herzöge in Bayern, München 1976